**电子商务类专业**
**创新型人才培养系列教材**

# 短视频
# 策划与制作

董宇 易俗 / 主编　苏琦 马中鹏 吴姁姁 / 副主编　厦门网中网软件有限公司 / 组编

# E-COMMERCE

人民邮电出版社
北京

图书在版编目（CIP）数据

短视频策划与制作 ：微课版 / 董宇，易俗主编. --
北京 ：人民邮电出版社，2023.9
电子商务类专业创新型人才培养系列教材
ISBN 978-7-115-62418-5

Ⅰ．①短… Ⅱ．①董… ②易… Ⅲ．①网络营销－营
销策划－教材②视频制作－教材 Ⅳ．①F713.365.2
②TN948.4

中国国家版本馆CIP数据核字(2023)第142568号

## 内 容 提 要

本书系统介绍了短视频策划与制作的相关知识和操作技能，共 6 个项目，包括短视频入门、短视频策划、短视频拍摄基础、短视频拍摄技巧、短视频剪辑和短视频运营。本书通过项目任务讲解相关知识点，化理论为实践、化抽象为具体，并配有拓展资源、综合实训等，旨在培养学生的动手能力，以便学生能尽快掌握策划、拍摄、剪辑和运营短视频的操作技能。

本书可以作为应用型本科院校和高等职业院校电子商务、网络与新媒体等专业短视频相关课程的教材，也可供短视频行业的从业人员及有志于进入短视频运营领域的创业者参考。

◆ 主　　编 董 宇 易 俗
　　副主编 苏 琦　马中鹏　吴婳婳
　　责任编辑 刘 尉
　　责任印制 王 郁　彭志环

◆ 人民邮电出版社出版发行　　北京市丰台区成寿寺路 11 号
　　邮编 100164　电子邮件 315@ptpress.com.cn
　　网址 https://www.ptpress.com.cn
　　大厂回族自治县聚鑫印刷有限责任公司印刷

◆ 开本：787×1092　1/16
　　印张：13　　　　　　　　2023 年 9 月第 1 版
　　字数：314 千字　　　　　2024 年 11 月河北第 4 次印刷

定价：49.80 元

读者服务热线：(010)81055256　印装质量热线：(010)81055316
反盗版热线：(010)81055315
广告经营许可证：京东市监广登字 20170147 号

　　由于优质的短视频能迅速提升流量，有效提高产品转化率，因此越来越多的商家通过策划与制作短视频来营销和推广产品，并且获得了成功。短视频行业迅速成为规模庞大的新兴行业，短视频运营也成为电子商务、新媒体等领域的一股热潮。

　　在这种情况下，市场对于前瞻性、技术性、创新性的短视频运营人才的需求就非常旺盛。党的二十大报告指出，教育、科技、人才是全面建设社会主义现代化国家的基础性、战略性支撑。为此，我们以党的二十大精神为着力点，致力于培养有知识、懂技术、会运营的短视频技术人才，推动产教融合，并根据新课程标准编写了本书。

　　本书具有以下 4 个特点。

### 1. 情景代入，贯穿全书

　　本书以新员工进入公司的各种情景引出各项目的教学主题，并围绕公司的短视频策划和制作需求开展任务实施，将情景贯穿全书，旨在让学生了解相关知识点在实际工作中的应用情况，做到理论与实践相结合。

　　本书设置的情景角色如下。

　　公司：北京荣邦网络科技有限公司。该公司是一家大型网络科技公司，主营业务包括计算机软件与技术开发、商务信息咨询、电子商务管理、网络商务服务等。

　　人物：小赵——电子商务部门实习生；老李——电子商务部门主管。

### 2. 任务驱动，实操演练

　　本书采用项目任务式写法，将任务贯穿始终，不仅将每个项目划分为几个具体的任务，通过任务引入相应的知识点，还设置了"任务演练"，让学生能够通过实操演练应用各种操作方法与技巧，在教中学、在学中做，强化学生的实际动手能力。

　　同时，本书还在项目末尾设置了"综合实训""巩固提高"，引导学生自主学习，加深对理论知识的理解和运用。

### 3. 栏目新颖，内容翔实

　　本书在板块设计上注重培养学生的思考能力和动手能力，努力做到"学思用贯通"与"知信行统一"相结合，例如在正文讲解与操作步骤中穿插了以下多个栏目。

　　● **知识拓展**：穿插于正文中，补充介绍与正文相关的其他知识点，以拓展学生的知识面。

　　● **素养小课堂**：以党的二十大精神为指引，重在提升学生的个人素养。

　　● **提示**：穿插于正文和任务演练的各种操作过程中，以补充介绍与理论和操作有关的技巧、注意事项或经验。

　　● **技能练习**：置于"任务演练"中，旨在让学生练习实现任务的其他方法，提升学生的动手能力。

**4. 资源丰富，辅助教学**

本书提供 PPT、微课视频、课程标准、电子教案、题库等教学资源，用书教师可通过人邮教育社区（www.ryjiaoyu.com）免费下载。

本书由义乌工商职业技术学院的董宇、湖北生物科技职业学院的易俗任主编，依兰职教中心的苏琦、五常市职业技术教育中心学校的马中鹏、贵州轻工职业技术学院的吴姁姁任副主编。在编写本书的过程中，编者参考了短视频的同类书籍和相关资料，在这里向这些书籍和资料的作者表示诚挚的谢意。

由于编者水平有限，书中难免存在不足之处，欢迎广大读者批评、指正。

编者

2023 年 8 月

# 目　录

## 项目五　短视频剪辑 ··············· 140

## 项目六　短视频运营 ··············· 179

# 短视频入门

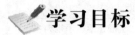

## 学习目标

**【知识目标】**

1. 了解短视频的概念、特点，熟悉常见的短视频类型。
2. 了解短视频平台的类型，熟悉常见的短视频平台。
3. 了解短视频团队的组成和分工，熟悉短视频团队的工作流程。

**【技能目标】**

1. 具备选择适合的短视频平台的能力。
2. 具备组建和运营短视频团队的能力。

**【素养目标】**

能够拓宽视野，学会运用理论来解决实际问题，把学习成果转化为开拓创新的工作思路和发展良策。

## 项目导读

随着移动通信技术的发展以及智能手机的普及，拍摄和观看短视频已经成为人们日常生活中非常重要的一项活动。人们通过观看短视频了解时事、娱乐休闲，同时也将自己的生活趣事拍成短视频分享到网上。与此同时，越来越多的商家和企业通过短视频宣传和推广产品，而且取得了可观的经济收益。北京荣邦网络科技有限公司（以下简称"荣邦公司"）最近接到了一单帮助某农产品生产基地营销农产品的业务，需要为其拍摄和制作相关农产品的宣传短视频，这项业务被安排给公司的电子商务部门，由于该部门新进了几名实习生，部门主管老李将一些基础工作交给了其中一名实习生小赵，要求小赵将实习生组织起来，通过学习短视频的相关基础知识，试着组建拍摄农产品短视频的团队。

## 任务一 短视频基础知识

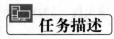
**任务描述**

在组建短视频团队前，老李要求小赵组织实习生观看用于宣传血橙水果的两条短视频，通过分析短视频的内容，加深对短视频的认识。小赵填写了任务单（见表 1-1）后，便开始学习短视频的基础知识并赏析关于血橙的短视频。

表 1-1 　　　　　　　　　　　　　　　　任务单

| 任务名称 | 赏析两条关于血橙的短视频 | |
|---|---|---|
| 任务背景 | 观看两条不同类型但拍摄对象都是血橙的短视频，了解不同类型短视频的特点，以及两条短视频在拍摄和剪辑上的不同之处，进一步巩固短视频的基础知识 | |
| 任务类别 | ■理论学习　　□内容策划　　□视频拍摄　　□技巧应用　　□视频剪辑　　□运营推广 | |
| **工作任务** | | |
| **任务内容** | | **任务说明** |
| 任务演练：赏析关于血橙的短视频 | | 【赏析对象】"血橙"短视频和"血橙介绍"短视频<br>【短视频内容】"血橙"短视频：展示血橙的外观和卖点，向用户介绍产品，吸引用户下单购买；"血橙介绍"短视频：介绍血橙的营养价值和特点，向用户普及血橙知识，引导用户关注 |

任务总结：

 **知识准备**

# 一、短视频的发展历程

在我国经济发展、科学技术进步、社会环境变化和政策保障加强的基础之上，短视频迎来了飞速发展。第 51 次《中国互联网络发展状况统计报告》显示，截至 2022 年 12 月，我国短视频用户规模达 10.12 亿人，网民使用率高达 94.8%，这就意味着短视频已经成为很多网络用户的主要信息接收和传播渠道。短视频已逐渐成为人们生活和工作中不可缺少的一部分。

短视频的产生和发展历程可以分为萌芽时期、探索时期、分水岭时期、发展时期和成熟时期 5 个阶段，每个阶段有不同发展特点的短视频和具有代表性的短视频平台。

（1）萌芽时期（2013 年以前）。这一时期最具代表性的事件就是快手这一短视频平台的诞生。在这一时期，短视频用户群体较小，其喜好的短视频内容以影视剧二次创作内容，或者从影视综艺类节目中截取优秀片段为主。在短视频萌芽时期，人们开始意识到网络的分享特质以及短视频生产门槛的降低，这为日后短视频的发展奠定了基础。

（2）探索时期（2013—2015 年）。以美拍、腾讯微视和秒拍为代表的短视频平台逐渐进入公众的视野，短视频逐渐被广大用户接受。而且，随着 4G 移动通信技术的商业应用以及一大批专业影视制作者加入短视频内容创作者的行列，短视频被广大用户所熟知，并表现出极强的社交性和移动性，一些优秀的短视频内容甚至加速了短视频的发展。

（3）分水岭时期（2016 年）。以抖音短视频（2020 年 9 月更名为"抖音"）和头条视频（2017

年升级为西瓜视频）为代表的短视频平台都在这一时期上线。这个时期的短视频平台投入了大量的资金补贴，从源头上激发内容创作者的创作热情，很多表现力强、内容丰富多样的短视频随之出现。同年，短视频行业迎来了"爆炸式"增长，短视频平台和内容创作者数量都在快速增长。另外，短视频用户也创作出大量短视频，形成了短视频发展的良性循环。

（4）发展时期（2017 年）。在这一时期，以好看视频和土豆视频为代表的短视频平台纷纷加入短视频领域的竞争，短视频领域呈现出百花齐放的态势。以阿里巴巴（中国）网络技术有限公司（以下简称"阿里巴巴"）和深圳市腾讯计算机系统有限公司（以下简称"腾讯"）为首的众多互联网公司感受到短视频行业巨大的发展空间和红利，加速在短视频领域的布局，大量资金的涌入也为短视频行业的未来发展奠定了坚实的经济基础，短视频平台的用户量继续攀升。

（5）成熟时期（2018 年至今）。这一时期的短视频出现了搞笑、音乐、舞蹈、萌宠、美食、时尚和游戏等内容垂直细分领域。各大短视频平台积极探索商业盈利模式，开发出多种变现盈利方式。这一时期的短视频行业逐渐规范并成熟起来。在政策和法规的规范下，短视频行业逐渐步入正规发展道路。近年来，短视频更加注重用户体验、内容创意和精细化制作，来满足用户不断增长的需求。同时短视频也表现出数字经济、跨界融合、多元化发展等新特点，并充分紧跟社交经济稳步崛起的脚步，获得了更加广阔的市场和发展空间。

## 二、短视频的概念

艾瑞咨询在《2017 年中国短视频行业研究报告》中指出，短视频是基于 PC 端和移动端传播的视频内容形式，其播放时长在 5 分钟以下。该定义明确规定了短视频的时长界限，后来逐渐被学界和行业所接受，在之后关于短视频的研究分析报告中，多采用此定义。短视频内容一般以短剧、日常生活视频和产品宣传营销视频为主，主要由个人拍摄完成，并在抖音、快手等网络短视频平台及淘宝、京东等电商平台中播放。图 1-1 所示为某电商平台中的服装产品展示短视频。

图 1-1　某电商平台中的服装产品展示短视频

---

 **知识拓展**

除短视频外，网络视频还有长视频和即时视频两种呈现形式。

（1）长视频。长视频通常是指时长超过半个小时的视频内容，以影视剧、综艺节目为主。长视频主要由专业公司制作，并在网络视频平台中播放。图 1-2 所示为网络视频平台中的电影长视频画面。

（2）即时视频。即时视频也称为直播，也是目前主要的视频呈现方式之一，直播又分为很多类型，如游戏直播、体育直播、美食直播、娱乐直播和电商直播等。即时视频通常在直播平台中播放，同样也可以在具备直播功能的短视频平台和电商平台中播放。图 1-3 所示为短视频平台中的农产品直播画面。

图 1-2　网络视频平台中的电影长视频画面　　图 1-3　短视频平台中的
农产品直播画面

## 三、短视频的特点

第 51 次《中国互联网络发展状况统计报告》显示，短视频平台持续拓展电商业务，"内容+电商"的产品运营模式已深度影响用户的消费习惯。2022 年 6 月，抖音短视频播放量同比增长 44%；用户通过内容消费产生产品消费，短视频带来的产品交易总额同比增长 161%。第三季度，快手电商产品交易总额达 2 225 亿元，同比增长 26.6%；依托流量和效率优势，持续吸引更多商家入驻，新开店商家数量同比增长近 80%。短视频如此受用户和商家的喜爱与其自身的特点是密不可分的。

### （一）短

短视频的播放时长短，有助于用户利用手机等移动设备在一些零碎、分散的时间中接收信息，例如，上下班途中、排队等候的间隙等。同时，短视频的内容简单直观，用户不用过多思考便能够理解其中的含义。此外，短视频简短、精练，也适合用于产品的宣传和推广，能够快、准、狠地传达产品卖点，有利于提升产品的传播效果。使用短视频宣传产品，既是目前网络时代信息传播的必然趋势，又迎合了当下用户的生活方式和思维方式，是用户和商家的必然选择。

### （二）低

低主要是指短视频制作的成本和门槛低，且操作简单。

（1）成本低。短视频的拍摄和制作通常可以由一个人完成，不需要太多的设备和人员，甚至使用一台手机就可以完成包括短视频拍摄、剪辑和发布等在内的所有工作。

（2）门槛低。短视频更强调内容创作者与用户之间的互动，而且用户多在手机或平板电脑等移动设备上观看，对于短视频的拍摄水平并没有太专业的要求。

（3）操作简单。各大短视频 App 内置了各种特效、拍摄模板和快速剪辑等工具，这些工具非常简单和智能，即便用户是第一次使用，也可以比较轻松地制作出一条特效丰富、剪辑清楚的短视频。

## （三）快

快主要表现在以下两个方面。

（1）内容节奏快。短视频时长短，所以内容一般比较充实和紧凑，能够在极短的时间内向用户完整地展示产品的规格、用途、质量、产地和特性等主要信息。

（2）传播速度快。短视频主要通过网络传播，而且具备社交属性，使得用户在社交活动时可以通过网络快速分享短视频，实现短视频的裂变传播。

## （四）强

强主要表现在参与性、互动性、社交属性和营销能力4个方面。

### 1. 参与性

短视频的制作和传播，人人都可参与。短视频内容创作者和观看者之间、短视频商家和用户之间没有明确的分界线。

（1）内容创作者可以成为其他短视频的观看者，而观看者也可以创作自己的短视频。

（2）商家可以成为其他商家的用户，用户也可以通过短视频销售自己生产出来的产品。

### 2. 互动性

短视频可以直接通过手机拍摄完成，然后发布并分享到网络社交平台、短视频平台或电商平台，实现多方用户的交流互动。

（1）对于内容创作者而言，短视频的互动性使得内容创作者能够通过互动获取用户对短视频内容和产品信息的反馈，从而有针对性地提高短视频内容和产品运营的质量。

（2）对于普通用户而言，用户可以通过互动进一步了解短视频内容的深层含义，加深对短视频内容和产品的理解，并发表自己的意见和见解。

### 3. 社交属性

在当今社会，网络已成为用户生活中不可分割的一部分，很多用户需要借助网络展示自我个性，以及通过网络社交来弥补现实生活中归属感的缺失。短视频强大的社交属性正好可以完美契合以上两种诉求。

（1）短视频能更加生动和直观地展现信息，满足用户充分展示自己积极形象的需求。

（2）用户可以点赞、评论或跟拍短视频，甚至直接通过短视频的链接购买宣传的产品，内容创作者、商家可以同用户进行双向的交流，部分收到点赞和评论较多的用户还有机会获得短视频平台的推荐，从而更容易吸引其他用户的关注。

（3）短视频强大的社交属性也影响到网络社交平台的功能设计，使得不少网络社交平台在原有基础上新增了短视频功能，如微博上线的"视频"专区以及微信推出的"视频号"平台，如图1-4所示。这也从侧面突出了短视频强大的社交属性。

### 4. 营销能力

随着短视频与电商的不断融合，短视频的营销能力不断增强，也吸引了不少用户通过短视频进行消费购物。

图1-4 微博的"视频"专区（左）和微信的"视频号"平台（右）

（1）短视频和电商的用户人群年龄分布十分相似，主要用户人群年龄都在25~35岁，用户人群的相似性能够大大提高短视频营销信息对目标用户的触达率和转化率，使短视频具备极强的营销和推广能力。

（2）短视频比其他内容形式更直观和立体，可以让用户获得更真实的感受，所以，使用短视频营销通常会获得更佳的推广效果。

（3）研究数据表明，人脑处理可视化内容的速度比纯文字快很多，也就是说，人类的生理本能更愿意接受短视频这种内容形式，选择短视频作为营销方式更符合人类生理的特点和需求。

> ⏰ **提示**
>
> 　　与图片、文字和声音相比，短视频的表现方式更加直观且具有冲击力，能展现更加生动和丰富的内容。与长视频相比，短视频节奏快，能满足用户碎片化的信息需求，而且具备极强的互动性和社交属性；与直播相比，短视频具备更强的传播性，更便于传播和分享。这些优势就是短视频能够迅速获得商家和用户认可和喜爱的原因。

## 四、短视频的类型

　　短视频的类型多样，通常可根据生产方式、内容或目的用途进行分类。

### （一）根据生产方式分类

　　根据生产方式的不同，短视频可以分为用户生产内容、专业用户生产内容和专业机构生产内容3种类型。

　　（1）用户生产内容（User Generated Content，UGC）。这类短视频的拍摄和制作通常比较简单，制作的专业性和成本较低，内容表达涉及日常生活的各方面且碎片化程度较高。这类短视频社交属性更强，商业运营价值较低。短视频平台中大部分内容创作者初期会发布这类短视频，只有在获得一定数量的粉丝之后才会发布其他专业性更强的内容。图1-5所示为UGC短视频，制作较为简单，没有太多技巧。

（2）专业用户生产内容（Professional User Generated Content，PUGC）。这类短视频通常是由在某一领域具有专业知识技能的用户，或具有一定粉丝基础的网络达人或团队所创作，内容多是自主编排设计，且主角多充满个人魅力。这类短视频有较高的商业价值，主要依靠转化粉丝流量来实现商业盈利，兼具社交属性和商业属性。图1-6所示为PUGC短视频，是由粉丝数量超过2000万的短视频达人创作的。

（3）专业机构生产内容（Professional Generated Content，PGC）。这类短视频通常由专业机构或企业等创作并上传，对制作的专业性和技术性要求比较高，且制作成本也较高。这类短视频主要依靠优质内容来吸引用户，具有较高的商业价值和较强的媒体属性。例如，华为官方抖音账号发布的短视频都属于PGC短视频，制作水准较高，如图1-7所示。

图1-5 UGC短视频

图1-6 PUGC短视频

图1-7 PGC短视频

## （二）根据内容分类

根据短视频内容的不同，短视频可以分为以下类型。

（1）美食类短视频。美食类短视频是指短视频的内容以美食制作、展示和知识分享为主，其细分类型包括菜谱分享、美食教程、烹饪技巧分享、美食评测、美食介绍、美食推荐、美食探店、乡村美食和传统美食分享等，图1-8所示为美食探店短视频。

（2）汽车类短视频。汽车类短视频是指短视频的内容以汽车的相关知识和应用为主，其细分类型包括看车、选车、买车、用车、卖车、学车、汽车周边和特种车辆等。

（3）时尚类短视频。时尚类短视频是指短视频的内容以展示时尚内容为主，其细分类型包括穿搭、美发、美容、彩妆、护肤和时尚资讯等。

（4）健身类短视频。健身类短视频是指短视频的内容以健康运动内容为主，其细分类型包括专业健身、生活健身、健身知识等。

（5）三农类短视频。三农类短视频是指短视频的内容以农业、农村和农民相关的内容为主，其细分类型包括乡野风景、赶海、农村生活、农业技术、农产品推荐和农业资讯等，图1-9所示为农业技术短视频。

（6）校园教育类短视频。校园教育类短视频是指短视频的内容以各种知识的教授为主，其细分类型包括大学教育、艺术培训、语言和专业技术教育、考证等。

（7）生活类短视频。生活类短视频是指短视频的内容以展示人们的日常生活为主，其细分类型包括生活小技巧、婚礼相关、民间活动、装修设计、家具家电、园艺花艺和手工制作等，图1-10所示为园艺花艺短视频。

图1-8　美食探店短视频　　　　图1-9　农业技术短视频　　　　图1-10　园艺花艺短视频

（8）科普类短视频。科普类短视频是指短视频的内容以科学知识普及和科技展示为主，其细分类型包括天文科普、动植物科普、地理科普、自然科普、数理科普、先进科技展示和科学实验演示等，图1-11所示为地理科普短视频。

（9）游戏类短视频。游戏类短视频是指短视频的内容以计算机和手机游戏为主，其细分类型包括游戏视频、游戏直播、游戏解说和游戏达人的日常生活等。

（10）影视娱乐类短视频。影视娱乐类短视频是指短视频的内容以电影电视介绍为主，其细分类型包括影视剪辑、影视解说、影视资讯、综艺和脱口秀等。

（11）才艺类短视频。才艺类短视频是指短视频的内容以音乐或舞蹈等才艺展示为主，其细分类型包括音乐表演、音乐制作、舞蹈展示和舞蹈教学等，图1-12所示为舞蹈教学短视频。

（12）亲子育儿类短视频。亲子育儿类短视频是指短视频的内容以亲子之间的情感交流和育儿为主，其细分类型包括儿童教育、亲子交流、儿童生活、婴幼儿用品推荐、母婴育儿知识教授等。

（13）剧情类短视频。剧情类短视频是指短视频的内容以短剧、表演等为主，通过具体的故事表演来吸引用户关注，其细分类型包括情感故事、搞笑表演等。

（14）旅行类短视频。旅行类短视频是指短视频的内容以旅行见闻和攻略为主，其细分类型包括风景和人文建筑介绍、旅行故事、旅行注意事项和旅行探店等，图1-13所示为风景介绍短视频。

（15）动漫类短视频。动漫类短视频是指短视频的内容以动画和漫画为主，其细分类型包括动漫介绍、角色扮演、动漫产品和漫展等。

（16）财经类短视频。财经类短视频是指短视频的内容以投资理财和财经知识为主，其细分类型包括理财、保险、房产、股票、期货、财务活动、民间商业、金融产品、财经新闻和财经知识等。

图1-11 地理科普短视频

图1-12 舞蹈教学短视频

图1-13 风景介绍短视频

（17）时政社会类短视频。时政社会类短视频是指短视频的内容以时事新闻和社会生活为主，其细分类型包括时政新闻、政务宣传和日常社会等。

## （三）根据目的用途分类

根据拍摄短视频的目的用途的不同，短视频可以分为产品展示类短视频、场景测试类短视频、广告类短视频和知识类短视频等。

（1）产品展示类短视频。产品展示类短视频以产品的外观、功能展示为主，适用于家用电器、数码产品、服饰、日用品等产品营销。图1-14所示的产品展示类短视频首先多方位展示产品的外观，抓住用户的眼球，然后介绍产品的材质、功能和性能参数等，最后通过不同的场景来展现产品的日常使用方法。

（2）场景测试类短视频。场景测试类短视频以产品的对比测评、使用场景模拟等为主，适用于食品、美妆、服装、鞋类、日

图1-14 产品展示类短视频

用百货等产品营销。与产品展示类短视频相比，这类短视频的脚本更加复杂，不仅要模拟使用场景，还要全面且客观地展现产品的特点。图 1-15 所示的运动鞋测试短视频，就是通过各种运动和日常生活场景的测试展示运动鞋的性能。

（3）广告类短视频。广告类短视频主要出现在电视、各大视频网站的贴片广告位，以及新媒体平台中，一些大品牌发布新品时也会使用这类短视频进行市场推广。图 1-16 所示为手机广告类短视频，不仅突出了产品和品牌，而且短视频具有一定的电影质感，赏心悦目。

（4）知识类短视频。知识类短视频的制作门槛和成本都相对较低，对产品品类的包容性也更大（每款产品都可以去探讨其背后的制作原理等），可以通过科普知识来吸引用户注意。图 1-17 所示的短视频便为用户介绍了去除羊肉腥膻味的小知识。

图 1-15　场景测试类短视频　　图 1-16　广告类短视频　　图 1-17　知识类短视频

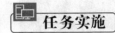 **任务实施**

**任务演练：赏析关于血橙的短视频**

【任务目标】

查看两条与血橙相关的短视频，整理其基本信息并分别播放短视频，从短视频的类型、特点和主要内容等方面分析两条短视频的异同。

【任务要求】

本次任务的具体要求如表 1-2 所示。

表 1-2　　　　　　　　　　　　　　　　任务要求

| 任务编号 | 任务名称 | 任务指导 |
| --- | --- | --- |
| （1） | 观看短视频 | ① 查看两条短视频的基本信息<br>② 播放短视频素材文件 |
| （2） | 分析短视频 | ① 根据前面所学知识划分短视频的类型<br>② 分析两条短视频各自的特点<br>③ 分析两条短视频的内容<br>④ 总结两条短视频的相同点 |

【操作过程】

1. 观看短视频

首先查看短视频的基本信息，然后播放并观看两条短视频，具体操作如下。

（1）查看短视频信息。表 1-3 所示为两条短视频的基本信息。由于两条短视频分别来源于不同的短视频平台，短视频的展示位置、时长和播放的数据等都不同。

表 1-3　　　　　　　　　　　　　　　　视频基本信息

| 短视频名称 | 来源平台 | 展示位置 | 时长 | 创作者 | 播放量 | 销量 |
|---|---|---|---|---|---|---|
| 血橙 | 淘宝 | 详情页主图 | 50秒 | 农产品电商个体户 | 月播放量超过5万 | 月销超过1万单 |
| 血橙介绍 | 抖音 | 线下门店的抖音账号主页 | 30秒 | 水果商家 | 点赞量3 286、转发量685、评论量190、播放量12 751 | 月销超过3 000单 |

（2）观看"血橙"短视频。在素材文件夹中找到"血橙.mp4"（配套资源：\素材文件\项目一\任务一\血橙.mp4）文件，双击播放，观看短视频的完整内容，如图 1-18 所示。

图 1-18　"血橙"短视频

（3）观看"血橙介绍"短视频。在素材文件夹中找到"血橙介绍.mp4"（配套资源：\素材文件\项目一\任务一\血橙介绍.mp4）文件，双击播放，观看短视频的完整内容，如图 1-19 所示。

图 1-19　"血橙介绍"短视频

2. 分析短视频

根据上述短视频信息和内容分析两条短视频的不同之处，具体操作如下。

（1）分析短视频的类型。

① 从生产方式上看。"血橙"短视频的创作者为农村电商个体户，内容以展示血橙种植环境、果肉细节等为主，旨在推销血橙，商业属性高，所以将该短视频归类到专业用户生产内容。"血橙介绍"短视频为线下水果商家所创作，主要依靠转化粉丝流量来实现商业盈利，所以也属于专业用户生产内容。

② 从内容来看。"血橙"短视频主要是展示血橙这种水果，主要内容包括血橙外观、果肉情况等，结合其创作者，属于农产品推荐，可以划分到三农类别中。"血橙介绍"短视频主要是向用户科普血橙的基础知识，可以划分到生活或科普类别中。

③ 从目的用途来看。"血橙"短视频是通过展示血橙来吸引用户购买，用于电商的产品展示。"血橙介绍"短视频是通介绍血橙的知识来吸引用户关注账号，然后引流到线下门店促进产品销售，具有广告宣传的作用。

（2）分析短视频的特点。

① 时长短。"血橙"短视频总时长为 50 秒，简单直接地向用户展示了该款血橙的种植环境、质量和特性等详细的信息；"血橙介绍"短视频总时长为 30 秒，向用户介绍清楚了血橙的果肉特征、营养价值和口感等，短短 30 秒，就让人对血橙有了一定的了解。

② 营销能力强。"血橙"短视频放置在详情页主图，目的是向用户推销该款水果，且该血橙也获得了月销上万单的销量。"血橙介绍"短视频也为线下门店带来了每月 3 000 多单的销量，为线下门店带来了营收。从销量来看，这两条短视频都体现了短视频营销能力强的特点。

（3）分析短视频的内容。

① "血橙"短视频的内容。内容主要是展示产品，通过主要卖点的介绍来吸引用户购买。首先，短视频展示了血橙果园，体现了"原生态、天然新鲜"的产品卖点；然后直接在果树上切开血橙并展示果肉，体现了"果型饱满、天然新鲜、颜正味美"的产品卖点；接着削掉果皮、切开果肉，体现了"皮薄肉厚、鲜嫩可口、果汁充足"的产品卖点；最后切削果皮和手剥果皮的内容则体现了"果肉红嫩、色泽均匀"的产品卖点。

② "血橙介绍"短视频的内容。内容主要是展示血橙外观，并通过切开果皮来展示血橙果肉。该短视频主要是通过文字和解说来向不了解血橙的用户科普血橙的基础知识，通过视频画面、文字和声音解说引导用户了解血橙，并产生继续观看和购买的兴趣，将用户吸引到线下门店购买。

（4）总结短视频的相同点。

从以上对两条短视频的分析可以看出，这两条来自不同平台的短视频都符合短视频的基本要求，其时长短、内容充实、节奏明快、画面效果美观，具有一定的商业价值，能够达到短视频创作者的创作目的。

# 任务二　短视频平台

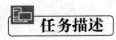 任务描述

老李让小赵组织实习生一起在多个热门短视频平台中观看农产品短视频，以此熟悉网络中的各种短视频平台。通过本次任务（见表1-4），大家可以进一步学习短视频平台的基本知识。

表 1-4                                 任务单

| 任务名称 | 在不同平台观看农产品短视频 |
|---|---|
| 任务背景 | 网络中有很多短视频平台，认识和了解热门的短视频平台，看看不同平台中产品短视频是否存在区别，为产品短视频的发布和运营做好准备 |
| 任务类别 | ■理论学习　　□内容策划　　□视频拍摄　　□技巧应用　　□视频剪辑　　□运营推广 |

| 工作任务 | |
|---|---|
| 任务内容 | 任务说明 |
| 任务演练：在不同平台观看农产品短视频 | 【视频类型】产品展示类<br>【观看平台】抖音、淘宝 |

任务总结：

 **知识准备**

## 一、热门短视频平台

短视频平台中的内容包罗万象，多是用户自己创作并发布的。短视频平台以抖音、快手、微信视频号和好看视频等为代表。短视频平台不仅能够播放短视频，还具备短视频的拍摄、剪辑、发布和运营等功能。

### （一）抖音

抖音是目前短视频领域的主流平台，也是进行短视频设计和制作的首选平台之一，在 CNPP 品牌数据研究院给出的 2022 年短视频平台市场排名中位居第一。抖音公布的最新数据显示，截至 2023 年 1 月，抖音的用户数量达到 8.09 亿。国内抖音的日活跃用户突破 1.5 亿人，月活跃用户破 3 亿人，人均单日使用时长超过两小时。

（1）算法推荐精准。抖音的短视频采用算法推荐机制，先对短视频内容进行分类，再收集用户特征、喜好等数据，最后分析用户数据并持续为用户推荐其喜欢的短视频，这种精准的算法推荐大大地增强了用户黏性。

（2）互动性强。抖音定期推出不同的视频标签、视频特效和话题活动等，引导用户积极参与，这种互动活动容易激发用户的创作灵感，引导用户参与。

（3）用户群体明确。抖音的用户以年轻用户为主，根据巨量算数的数据，抖音用户的基本特征表现为 19～40 岁、女性用户比例大于男性用户比例等。

（4）营销功能丰富。抖音的营销功能丰富，除网店销售外，产品还可以通过短视频话题、活动等进行场景化营销和病毒式传播，从而达到更好的营销效果。

### （二）快手

快手是目前短视频行业的领头羊之一，对短视频内容创作者的支持力度相对较大，在 CNPP

品牌数据研究院给出的 2022 年短视频平台市场排名中位居第 2。快手官方数据显示，2022 年，快手平均月活跃用户数突破了 6 亿，平均日活跃用户数在 3 亿左右。

（1）记录普通人的日常生活。快手的短视频内容坚持"拥抱每一种生活"的理念，以"记录世界记录你"为口号，鼓励用户上传各类真实、有力量的原创生活短视频。

（2）用户可以选择自己喜欢的短视频。除了具备与抖音相同的算法推荐模式外，快手还为用户提供了一种点击播放模式，即快手首页会展示多个短视频的封面图，如图 1-20 所示，由用户自行选择感兴趣的短视频，并点击播放。

（3）以用户为中心且用户平等。快手的产品逻辑是给每位短视频内容创作者平等的曝光机会，在这种机制下，整个平台的短视频内容非常多样化，且普通用户更喜欢分享自己的日常生活，愿意主动点赞、评论，互动率高，用户黏性较强。

（4）用户群体明确。艾媒咨询数据显示，快手用户的基本特征表现为 40 岁以下用户为主、男性用户比例大于女性用户、消费金额在 200 元以下和 1 000 元以上的用户所占比例较大等。

（5）短视频达人的带动性强。快手上的很多短视频达人与用户有着密切的关系，甚至有自己专属的粉丝群体。这些达人的号召力较强，粉丝一般会选择相信他们推荐的产品。

图 1-20　快手首页

（6）渗透潜力较大的下沉市场。快手的用户群体主要集中在三线及以下城市，符合下沉市场的用户特点。快手在下沉市场中有着较高的渗透率，更容易实现营销转化。

## （三）微信视频号

微信视频号是 2020 年 1 月 22 日腾讯正式宣布开启内测的短视频平台，以图片和视频内容为主，可以发布长度不超过 1 分钟的短视频，还能带上文字和公众号文章链接，是一个在微信社交媒体平台中存在的新兴短视频平台，在 CNPP 品牌数据研究院给出的 2022 年短视频平台市场排名中位居第 3。2023 年微信公开课 PRO 发布的数据显示，2022 年，视频号的日活跃创作者数和日均视频上传量同比涨幅均超过 100%，万粉创作者数量同比增长 308%，热门内容数量同比增长 186%。

（1）以微信为基础，具备多个流量入口。微信视频号内嵌在微信中，不需要用户安装单独的 App。用户可以直接在微信中通过视频号观看短视频，而且视频号在微信中有 10 个以上流量入口，用户通过任何一个入口都可以进入视频号。

（2）具备天然的社交功能，互动性强。微信视频号的内容推荐机制是将社交作为首要因素，优先向用户推荐微信好友喜欢的短视频。只要是微信好友点赞过的短视频，就会向用户推荐，不仅有利于短视频传播，还有利于用户与好友之间的社交互动。

（3）推荐机制更利于普通用户。微信视频号的推荐机制以社交推荐为主，好友互动率高的短视频更容易推荐给其他感兴趣的陌生用户。这也意味着，如果某个用户的短视频被很多位微信好友点赞，那短视频被平台推荐给其他用户的可能性会更大。

（4）用户群体明确。微信视频号用户与微信用户存在重合，微信公开课 PRO 发布的数据显示，视频号的女性用户多于男性用户，一二三线城市的用户居多。

（5）生态场景互通，获得更多流量。微信视频号可以与微信中的公众号、小程序、朋友圈、企业微信、支付等功能互通，将这些场景中的用户引流到视频号中，能获得更好的营销效果。

### （四）好看视频

好看视频是百度旗下的短视频平台，其定位是短视频知识互动社区，内容以泛知识类短视频为主，在 CNPP 品牌数据研究院给出的 2022 年短视频平台市场排名中位居第 7。百度官方数据显示，好看视频已覆盖超过 8 亿用户，人均使用时长高达 80 分钟。图 1-21 所示为好看视频平台中的短视频。

图 1-21　好看视频平台中的短视频

（1）以百度为依靠。基于百度 AI、大数据等领先技术能力，打造沉浸式内容消费模式，实现优质内容和兴趣人群精准匹配，助力内容创作者通过内容找到用户。

（2）重视和激励原创。重视优质的原创短视频内容，促进用户活跃度。积极引入直播答题模式以及内容创作者激励机制，充分激活用户参与感，让用户和内容创作者都能获利。

（3）用户群体明确。好看视频用户的基本特征表现为以 30 岁以上中青年男性群体为主，且对军事、政治、财经等专业性内容的需求突出。

（4）专业的知识型平台。好看视频坚持走泛知识道路，邀请名家、行家等专业人士签约入驻，传播专业的知识，潜移默化地提高用户在短视频浏览中的知识获得感，帮助用户了解更多有价值、深层次的内容。

（5）整合资源、生态互通。好看视频通过设计互动功能，与百度百科、百家号等百度系知识类产品进行链接，利用百度资源优势为内容创作者提供便利，推动创作的多元化。

 **知识拓展**

很多互联网公司旗下有多个短视频平台，所以也可以根据企业的隶属关系来划分短视频平台，目前主要有头条系（北京字节跳动科技有限公司主导）、快手系（北京快手科技有限公司主导）、腾讯系（腾讯主导）和百度系（百度在线网络技术（北京）有限公司主导）等，如图 1-22 所示。

图 1-22　根据企业的隶属关系来划分短视频平台

## 二、电商平台

电商平台中的短视频以产品展示、宣传和推广为主。目前主流的淘宝、京东和拼多多等电商平台中都有大量的产品短视频。

### （一）淘宝

淘宝由阿里巴巴于2003年5月创立，是我国使用用户数较多的网购零售平台。自创建后，随着规模的不断扩大、用户数量的快速增加，淘宝逐渐发展为集个人与个人之间的贸易、团购等多种电子商务模式于一体的综合性零售商圈。

淘宝一直都重视短视频营销，致力于将短视频与电商完美融合。在淘宝中，短视频是电商产品的主要营销推广方式之一，可在多个页面实现引流和销售。

（1）产品详情页。淘宝中大多数产品的详情页中都可以看到产品展示短视频，有的放置在主图位置，如图1-23所示，有的放置在"宝贝详情"介绍中。这些短视频基本上都是商家专门为产品拍摄的，有的还是专门拍摄的广告视频。

（2）产品分享频道。在手机中打开淘宝App的"逛逛"页面，在"发现"频道中就可以看到一些达人、普通用户发布的短视频或图文，这些短视频大多数与产品相关，通常是达人、普通用户的产品使用体验或日常生活分享，如图1-24所示。

（3）短视频频道。点击淘宝App的"逛逛"页面中的"视频"选项，就可以进入淘宝的短视频频道，类似于抖音，如图1-25所示。普通用户可以通过链接直接进入短视频所展示产品对应的产品页面，也可以通过商家的账号打开商家主页，并进入对应的网店。

图1-23　主图位置的短视频

图1-24　"发现"中的短视频

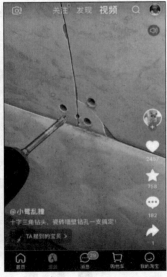
图1-25　"视频"中的短视频

### （二）京东

京东隶属于北京京东世纪贸易有限公司，是我国知名的、专业的综合网上购物商城，商城中汇集了数万种品牌产品，囊括了家电、手机、电脑、母婴、服装等多个品类。京东有很多自营店铺，其产品皆由京东自营物流发货，发货和运输速度较快，通常 24 小时内就可以送到用户手中，这一物流优势增加了用户黏性，培养了一批较为稳定的用户群体。

京东的短视频以产品宣传为直接目的，营销性质明显，放置位置也比较固定。

（1）首页。京东首页一般会有展示产品细节的短视频，起到宣传产品的作用，图 1-26 所示为在首页打开的短视频。

（2）产品详情页。部分产品详情页还有更详细的短视频展示，起到补充介绍产品信息的作用，如图 1-27 所示。

**提示**

　京东还上线了专注于短视频营销的京东视频 App，通过短视频和直播的方式帮助商家进行产品宣传。

（3）网店主页。用户在京东上进入网店主页时，会看到商家设置的关于网店介绍和网店活动、网店动态的短视频。这些短视频起到了品牌宣传、活动促销和新品推销的作用。

（4）"逛"页面。点击京东 App 主界面底部的"逛"选项，可进入"逛"页面。该页面类似于淘宝的"逛逛"页面，集合了商家和用户发布的关于产品的图文和短视频，如图 1-28 所示。

图 1-26　在首页打开的短视频　　图 1-27　详情页中的短视频　　图 1-28　"逛"页面中的短视频

## （三）拼多多

拼多多成立于 2015 年 9 月，是一家致力于为广大用户提供物有所值的产品和有趣互动购物体验的新电商平台，专注于移动端。目前，拼多多平台覆盖的产品品类包括快消、3C、家电、生鲜、家居家装等。拼多多利用低价策略以及用户裂变活动（如"砍一刀"）迅速实现用户的拉新，在下沉市场取得巨大成功，其用户群体中有近 60% 的用户来自三线及以下城市。

拼多多的短视频也以产品宣传为主，位于主页和详情页等位置。拼多多 App 开设了名为"多多视频"的短视频频道，"多多视频"频道中的大多数短视频并不以产品宣传为主，当用户观看一定量的短视频后，就可以获得微信红包和平台红包，用户可直接将这些红包用于平台消费。这类短视频的设定能够在一定程度上增强用户黏性，增加用户停留时长。图 1-29 所示为"多多视频"频道中的短视频。

图 1-29 多多视频中的短视频

## 三、其他平台

目前，除了上述短视频平台和短视频相关电商平台外，还有一些集社区、短视频、直播、电商等多种功能于一体的新媒体平台，如微博、小红书和今日头条等。

### （一）微博

微博是一个社交媒体平台，其主要功能是实现用户在平台内的实时分享、交流、互动，而短视频就是微博用户分享、交流的重要媒介之一。微博在上线视频号功能后，成为了集图文、短视频、直播等多种内容形式于一体的新媒体平台。

微博具备了社交媒体的强互动性特点，用户可以发布一句话、一张图片、一条短视频，其他用户可以实时阅读和评论，提高了交流效率，降低了交流成本，为产品营销话题的扩散创造了有利条件。微博用户基数大，有一定的流量优势，这使得微博视频号的内容创作者从一开始就有了一定的用户基础。而且，微博视频号发布短视频较方便，用户在原有微博账号发布短视频即开通了视频号，用户发布的短视频不仅会出现在微博的视频专区，还会出现在用户的微博主页。图 1-30 所示为视频专区中的短视频。

图 1-30 视频专区中的短视频

### （二）小红书

小红书是一个内容分享类平台，以用户发布图文笔记、分享好物为特色。小红书商业营销中心总经理表示，小红书有 2.6 亿的月活用户，有 6 900 万分享者，用户里"90 后"占比 70%，大部分来自一二线城市，男女比例 3∶7。

美妆和穿搭是小红书的特色内容，用户会习惯性地在小红书上搜索美妆和穿搭方面的信息，而美妆和穿搭等内容会吸引大量女性用户的关注，这些内容也更容易与相关产品挂钩。这也是小红书女性用户居多的重要原因之一。在小红书中，短视频也是产品的主要展示方式之一。短视频能够全方位、多角度、长时间跨度地展示产品，引来品牌和达人的青睐，进一步丰富了产品的营销方式。另外，小红书也上线了"视频"频道，用于展示各种短视频，如图 1-31 所示。

### （三）今日头条

今日头条是以图文为主的综合资讯内容平台，和抖音同属于北京字节跳动科技有限公司。其推出的产品有头条号、微头条、西瓜视频和悟空问答，包括文字、图片和视频 3 种主流内容表现形式。

由于今日头条与抖音同属于一家公司，因此用户的今日头条账号可以与抖音账号绑定，用户在抖音上发布的内容能够直接同步到今日头条账号上，间接地带动了今日头条的视频生态形成和发展。今日头条中有多个视频页面入口，较为重要的是"视频"频道，图 1-32 所示为今日头条 App "视频"频道中的短视频。

图 1-31 小红书"视频"频道中的短视频　　图 1-32 今日头条 App "视频"频道中的短视频

---

**素养小课堂**

目前，我国正从网络大国向网络强国迈进，需要进一步健全网络综合治理体系，推动形成良好网络生态。因此，无论是短视频平台还是内容创作者，都需要加强网络文明建设和内容建设，倡导培育积极健康、向上向善的网络文化。

---

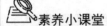 **任务实施**

### 任务演练：在不同平台观看农产品短视频

【任务目标】

根据短视频平台的分类，在热门短视频平台和电商平台中分别选择一个有代表性的平台，如抖音和淘宝，在其中搜索"玉米"农产品的相关短视频，然后观看短视频，看看这些短视频有什么不同之处。

【任务要求】

本次任务的具体要求如表 1-5 所示。

表 1–5　　　　　　　　　　　　　　　　　任务要求

| 任务编号 | 任务名称 | 任务指导 |
| --- | --- | --- |
| （1） | 在抖音观看玉米短视频 | ① 在抖音的"视频"频道搜索玉米相关的短视频，然后观看<br>② 在抖音的"商品"频道搜索玉米相关的短视频，然后观看 |
| （2） | 在淘宝观看玉米短视频 | ① 搜索"玉米"<br>② 选择主图短视频观看 |
| （3） | 对比分析 | 从平台类型、短视频作用等方面对比分析，发现同一种产品在不短视频平台中的不同之处 |

【操作过程】

### 1. 在抖音观看玉米短视频

分别在抖音的"视频"和"商品"频道中搜索玉米相关的短视频，然后选择一个短视频观看，具体操作如下。

（1）打开抖音 App。打开抖音 App，进入抖音 App 主界面，点击右上角的"搜索"按钮。

（2）搜索"玉米"。打开"搜索"界面，在文本框中输入"玉米"，点击"搜索"按钮。

（3）在"视频"频道观看短视频。抖音 App 将展示所有与玉米相关的内容，点击"视频"选项卡，只显示短视频，如图 1-33 所示，上下滑动可以查看所有与玉米相关的内容，点击其中一个即可观看短视频。

（4）在"商品"频道观看短视频。点击"商品"选项卡，只显示与玉米相关的内容，其中左上角显示▶图标的表示有短视频，点击即可播放，如图 1-34 所示。

微课视频

在抖音观看玉米<br>短视频

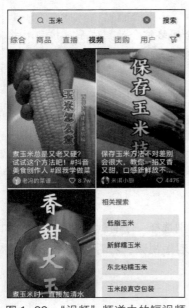
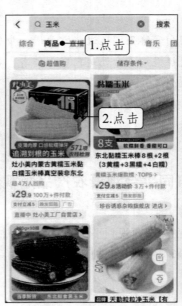

图 1–33　"视频"频道中的短视频　　　　　图 1–34　播放"商品"频道中的短视频

### 2. 在淘宝观看玉米短视频

在淘宝中搜索玉米相关的内容，选择一款有短视频的玉米产品观看，具体操作如下。

（1）搜索"玉米"。进入淘宝 App 主界面，在搜索文本框中输入"玉米"，点击"搜索"按钮 搜索 。

（2）观看短视频。淘宝 App 将展示所有与玉米相关的产品，选择一款玉米产品，进入产品详情页，在该产品的主图中会显示 ▶ 图标，表示可点击播放短视频，如图 1-35 所示。

微课视频

在淘宝观看玉米
短视频

图 1-35　在淘宝平台播放玉米短视频

### 3. 对比分析

由于抖音属于热门短视频平台，而淘宝属于电商平台，因此两个平台搜索到的关于玉米产品的短视频类型就有明显的区别。抖音中以玉米相关知识介绍为主，淘宝则以玉米产品展示为主。两个平台中相同产品的短视频用途也不同，抖音的短视频主要起到引流作用，而淘宝的短视频则具有推销功能。

 技能练习

在多个短视频平台搜索并播放红心柚相关的短视频，看看不同平台的短视频有没有区别。

# 任务三　组建短视频团队

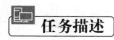 任务描述

为了完成农产品基地所有产品的短视频拍摄工作，老李让小赵组建出一个短视频团队，明确

团队人员分工和工作流程等。小赵根据要求明确了本次任务的内容（见表1-6），为后面具体的拍摄工作做好准备。

表1-6                                                                任务单

| 任务名称 | 组建农产品短视频团队 | | | | |
|---|---|---|---|---|---|
| 任务背景 | 为农产品生产基地拍摄宣传短视频，从农产品种类、场地大小等来看，仅依靠个人力量无法完成，所以，要组建一个专业的短视频团队，保证短视频内容产出的质量和效率 | | | | |
| 任务类别 | ■理论学习 | □内容策划 | □视频拍摄 | □技巧应用 | □视频剪辑 | □运营推广 |
| 工作任务 | | | | | |
| 任务内容 | | 任务说明 | | | |
| 任务演练：组建农产品短视频团队 | | 【团队类型】中配团队<br>【岗位设置】编导、演员、摄像、剪辑、运营 | | | |

任务总结：

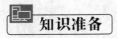
**知识准备**

# 一、团队的组成和分工

通常情况下，短视频制作包括内容策划、拍摄、剪辑、发布和运营等工作。也就是说，短视频制作需要具备相关专业知识的人员在一起合作，组成一个短视频团队来共同完成。短视频团队也可以根据具体的工作需求进行岗位分工。常见的短视频团队中主要包含编剧、导演、演员、摄像、剪辑、运营以及助理等岗位。

## （一）编剧

编剧的主要工作是确定短视频选题，搜寻热点话题并撰写脚本。编剧在短视频团队中的主要工作职责有以下3点。

（1）根据短视频的类型和定位，收集和筛选短视频选题。

（2）收集和整理短视频创意。

（3）撰写短视频脚本。

短视频团队对编剧岗位的要求通常包括以下7点。

（1）具备独立创作短视频脚本的能力，最好有成熟的作品。

（2）了解短视频的主流平台和相关渠道。

（3）熟悉网络文化，具备捕捉网络热点的能力。

（4）能够从网上收集各种内容素材并归类整理。

（5）专业最好与影视和文学相关，熟悉影视剧和脚本的创作流程。

（6）具备一定的文字欣赏、分析和评论能力。

（7）对流行的短视频元素有敏锐的反应能力。

## （二）导演

导演在短视频团队中起到统领全局的作用，短视频制作的每一个环节通常都需要由导演来把关。导演在短视频团队中的主要工作职责包括以下两点。

（1）负责短视频拍摄及后期剪辑，通过镜头语言及后期剪辑充分表达短视频脚本。

（2）拍摄工作的现场调度和管理。

短视频团队对导演岗位的要求通常包括以下 3 点。

（1）能够熟练运用手机、相机和摄像机进行独立拍摄，并具备拍摄、场景搭建、布光和剪辑等方面的能力。

（2）有一定的短视频拍摄相关工作经历，参与过短视频的拍摄工作。

（3）具备一定的现场指挥能力，并能够熟练使用专业的短视频剪辑和制作软件。

## （三）演员

演员也是短视频团队中不可或缺的一个角色。演员凭借着独特的人物设定，以及在语言、动作和外在形象等方面的呈现，可以打造出具有特色的人物形象，从而加深用户的印象。演员在短视频团队中的主要工作职责有以下 3 点。

（1）根据编剧创作的短视频脚本，完成短视频剧情的表演。

（2）在拍摄过程中，对产品进行展示或介绍。

（3）在短视频创作过程中提供创意，增加短视频的吸引力。

短视频团队对演员岗位的要求通常包括以下 4 点。

（1）外形条件和气质较好，有一定的辨识度。

（2）通常需要毕业于演艺或相关专业，口齿清晰，普通话标准，或者能掌握特殊方言。

（3）具备一定的演艺经验，擅长表达，且有极强的镜头感。

（4）性格活泼开朗，遵纪守法，保持正面形象。

## （四）摄像

摄像的主要工作是拍摄短视频，搭建摄影棚，以及确定短视频拍摄风格等。专业的摄像在拍摄时会使用独特的手法，呈现出独特的视觉感官效果，并使短视频画面呈现出质感。图 1-36 所示为摄像工作场景。摄像在短视频团队中的主要工作职责包括以下 4 点。

图 1-36　摄像工作场景

（1）与导演一同策划拍摄的场景、构图和景别等。

（2）熟悉掌握手机、相机和摄像机等摄影摄像器材的使用，独立完成或指导其他工作人员完成场景布置和布光等操作。

（3）按照短视频脚本完整地拍摄短视频。

（4）编辑和整理拍摄的所有视频素材。

短视频团队对摄像的岗位要求通常包括以下两点。

（1）具备影视剧或短视频拍摄的工作经验，对时尚和潮流有一定的敏锐度。

（2）有较强的美术和摄影功底，对颜色、构图等视觉表达有自己的独特见解。

## （五）剪辑

剪辑需要对最后的成片负责，其主要工作是把拍摄的短视频素材组接成视频，涉及配音配乐、添加字幕文案、视频调色以及特效制作等工作。好的剪辑工作能起到画龙点睛的作用；反之，则会严重影响成片效果。剪辑在短视频团队中的主要工作职责包括以下两点。

（1）整理短视频素材，设计剪辑流程。

（2）根据短视频脚本独立完成相关短视频的后期剪辑工作，包括视频剪辑、特效制作和音乐的添加等。

短视频团队对剪辑岗位的要求通常包括以下 3 点。

（1）具备一定的创意和策划能力，能从剪辑的角度就脚本撰写给予编剧帮助。

（2）精通 After Effects、Premiere、Photoshop 等短视频剪辑与制作软件。

（3）能够较好地把握短视频内容的主题创意、动画、质感和节奏等。

## （六）运营

运营的工作主要是针对不同平台及用户的属性，通过文字引导用户对短视频产生期待，尽可能提高短视频的完播量、点赞量和转发量等，进行用户反馈管理以及评论维护。运营在短视频团队中的主要工作职责包括以下 4 点。

（1）负责各个平台中短视频账号的运营。

（2）根据短视频账号的发展方向和目标规划短视频账号的运营重点和内容主题。

（3）与一些短视频达人联系并促成合作。

（4）负责与用户互动，并增强用户的黏性。

短视频团队对运营岗位的要求通常包括以下 4 点。

（1）具备短视频运营的经验。

（2）具备较强的文案写作和创意能力，能够独立完成短视频账号的整体规划和内容输出。

（3）熟悉各大短视频平台的内容发布机制和运营规则，保证短视频账号的正常运营。

（4）具有良好的团队意识，工作积极负责。

## （七）助理

助理岗位可细分为灯光、配音、录音、化妆造型和服装道具等，通常只会在预算比较充裕的短视频团队中出现，其职责是辅助拍摄和剪辑，提高短视频的输出质量。

（1）灯光。负责搭建摄影棚，运用明暗效果进行巧妙的画面构图，呈现出各种符合短视频格调的光影效果，以保证短视频内容的画面清晰、主角突出。

（2）配音。根据要求为短视频中的角色配上声音或以其他语言代替原片中角色的语言对白。

（3）录音。负责根据导演和短视频脚本的要求完成短视频拍摄时的现场录音。

（4）化妆造型。负责根据导演和短视频脚本的要求给主角化妆和设计造型。

（5）服装道具。负责根据导演和短视频脚本的要求准备好主角的服装以及短视频中可能使用到的道具。

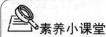

**素养小课堂**

短视频的发展速度很快，各种知识的更迭也快，需要短视频团队成员不断在自己的专业领域内摸索、创新，不断学习、进步和突破。

## 二、团队的类型

短视频团队的岗位设置通常是由预算和具体的内容定位来决定的。例如，资金充足时就可以搭建分工明确的多人团队，拍摄汽车宣传短视频的团队通常就比拍摄水果宣传短视频的团队人数多。按照岗位的数量，短视频团队可分为高配、中配和低配3种类型。

（1）高配团队。高配团队人数较多，通常有8人或以上，团队中每个成员都有明确的分工，有效把控每一个环节，当然产出的短视频质量也较高。高配团队通常包括编剧、导演、演员、摄像、剪辑、运营、助理等岗位。

（2）中配团队。中配团队人数通常低于8人，以5人的配备最为普遍，其岗位包括编导、演员、摄像、剪辑和运营。其中，编导就是导演和编剧的合二为一，灯光由摄像兼任，配音、录音等也由其他的岗位兼任。

（3）低配团队。低配团队人数很少，甚至只有一人，此时整条短视频的策划和制作由一个人完成。低配团队要求个人具备策划、摄像、表演、剪辑和运营等多种技能，以及耐心。

## 三、短视频团队的工作流程

短视频团队的工作流程主要包括策划与筹备、拍摄、剪辑和运营4个阶段。

### （一）策划与筹备

策划与筹备阶段主要是为中后期的短视频拍摄和剪辑做准备工作，这一阶段的主要工作包括确定短视频选题、撰写和确定短视频脚本、准备资金，以及落实后续工作。

（1）确定短视频选题。专业的短视频团队中，通常导演会带领编剧、运营等组成选题小组，召开选题会一起讨论短视频选题。讨论完成后，对于有问题的选题可以直接剔除或修改，而没有问题的选题可以交给导演审核。导演审核完所有的选题，会提出自己的意见，并与编剧进一步沟通，要求编剧根据意见进行修改，无误后则正式确定选题。

（2）撰写和确定短视频脚本。撰写和确定短视频脚本是短视频团队工作中较重要的一个步骤，一个好的短视频脚本是创作出热门短视频的关键。短视频脚本一般由编剧撰写，写作时可以根据热门短视频或故事、段子等改编。撰写完的短视频脚本还需要经过客户、导演和编剧的共同确认。

 **知识拓展**

撰写和确定短视频脚本可以规范为以下 7 个主要步骤。

① 撰写短视频脚本大纲。编剧收到审核通过的选题后，可以参考负责人或导演的意见，撰写短视频脚本大纲，然后发送给负责人或导演审核。

② 审核短视频脚本大纲。负责人或导演审核编剧撰写的短视频脚本大纲，向编剧返回修改意见，直至最终确定短视频脚本大纲。

③ 撰写短视频脚本初稿。编剧根据短视频脚本大纲撰写短视频脚本初稿，然后发送给负责人或导演审核。

④ 审核初稿。负责人或导演审核短视频脚本初稿，提出修改意见。

⑤ 完善短视频脚本。编剧根据负责人或导演的意见修改短视频脚本。

⑥ 短视频脚本评级。负责人或导演开始对短视频脚本进行审核评级，通常短视频脚本的级别关乎编剧的绩效，写得越好，绩效越高。通常短视频制作公司会实行 2 稿评级制，就是对短视频修改完善后的第 2 稿进行评级，目的是让编剧更用心地写好短视频脚本。

⑦ 完成终稿。导演组织编剧、负责人和运营完成对短视频脚本的最后审核，并根据短视频账号的定位，从细节上完善短视频脚本的内容，完成短视频脚本的最终稿。

（3）准备资金。资金是短视频拍摄、剪辑与运营的基础，需要根据短视频团队的规模、设备和道具需求、拍摄时间和难度、剪辑过程，以及运营推广方式等，预估并获得尽可能多的资金。

（4）落实后续工作。资金到位后，短视频团队就可以开始落实各项准备工作。例如，针对短视频拍摄，导演和编剧需要根据短视频脚本做好场景安排、灯光道具安排和镜头设计等准备工作，设计好拍摄使用的分镜头脚本。同时，还需要安排好演员、食宿交通和拍摄剪辑日程等方面的事宜，最好制订一个详细的工作计划。

## （二）拍摄

拍摄是短视频团队工作流程中十分繁忙且重要的阶段，起着承上启下的作用。拍摄阶段是在策划与筹备阶段的基础上进行短视频的实际拍摄，为后面的剪辑阶段提供充足的短视频素材，为最终的短视频成片奠定基础。

拍摄阶段的主要工作人员有导演、摄像和演员。导演需要安排和引导演员、摄像的工作，并处理和控制拍摄现场的各项工作；摄像则负责根据导演和短视频脚本的安排，拍摄好每一个镜头；演员则需要在导演的指导下，完成短视频脚本中设计的所有表演。另外，拍摄过程中诸如灯光、道具和录音等辅助人员也需要全力配合。

## （三）剪辑

拍摄完成后，就可以进入剪辑阶段。在该阶段，剪辑要使用专业的视频剪辑软件完成后期剪辑，包括剪辑、配音、调色、添加字幕和特效等具体工作，最终制作成一个完整的短视频作品。

通常，短视频的剪辑有以下 5 个流程。

（1）整理短视频素材。整理和编辑拍摄阶段拍摄的所有短视频素材，按照时间顺序或短视频脚本中设置的剧情顺序排序，甚至还可以将所有短视频素材编号归类。

（2）设计工作流程。熟悉短视频脚本，了解短视频脚本中对各个镜头和画面效果的要求，并按照整理好的短视频素材，设计剪辑工作的流程，并注明工作重点。

（3）粗剪。观看所有整理好的短视频素材，从中挑选出符合短视频脚本需求，并且画质清晰且精美的视频画面，然后按照短视频脚本顺序重新组接，使画面连贯、有逻辑，形成第一稿视频。

（4）精剪。在第一稿视频的基础上，进一步分析和比较，剪去多余的视频画面，并为视频画面设置调色，添加滤镜、特效和转场效果，增强短视频的吸引力，进一步突出内容主题。

（5）成片。完成了短视频的精剪后，可以对短视频进行一些细小的调整和优化，然后添加字幕，并配上背景音乐（Backgroud Music，简称 BGM）或旁白解说，最后再为短视频添加封面和结尾，完成短视频的制作。

### （四）运营

短视频团队的运营工作包括发布短视频、推广短视频和数据统计 3 项。

（1）发布短视频。运营收到短视频之后，会将其发布到各个短视频平台，并根据短视频的内容和特点来确定宣传文案，以吸引更多的用户观看。

（2）推广短视频。运营根据短视频平台的推广机制，选择合适的引流方法，吸引更多的用户观看短视频。

（3）数据统计。在短视频正式发布后，运营需要实时关注短视频的相关数据，定期统计数据并制作数据报表，根据数据表现找到短视频存在的问题，并将相关结论发送给短视频团队的其他成员，以调整下一期短视频的内容。

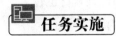
**任务实施**

### 任务演练：组建农产品短视频团队

【任务目标】

根据拍摄对象，组建一个农产品短视频团队，确定团队的类型，并做好人员分工。

【任务要求】

本次任务的具体要求如表 1-7 所示。

表 1-7　　　　　　　　　　　　　　　　任务要求

| 任务编号 | 任务名称 | 任务指导 |
|---|---|---|
| （1） | 确定团队 | 分析拍摄对象，组建一个中配团队 |
| （2） | 设置团队分工 | ① 节约制作成本，将编剧和导演两个岗位合并<br>② 其他岗位包括演员、摄像、剪辑和运营 |

【操作过程】

## 1. 确定团队

首先需要根据拍摄对象来确定短视频团队的规模，具体操作如下。

（1）明确拍摄对象。拍摄对象为某农产品生产基地的农产品，以宣传生产基地的农产品，从而促进农产品的网络销售。拍摄的农产品数量较多，涉及整个生产基地的农产品，不管是查看和筛选农产品，还是拍摄等，都需要耗费大量的人力。

（2）确定团队类型。团队类型只有 3 种。低配团队拍摄短视频成本较低，但工作较多，需要花费较多的时间，且拍摄效果可能不太好；高配团队拍摄短视频成本较高，影响公司运作；中配团队则兼顾成本和效果，适合作为本次短视频拍摄的团队类型。

## 2. 设置团队分工

确定了短视频团队的类型，就需要根据团队类型来设置团队分工，具体操作如下。

（1）根据团队类型确定所需岗位。本次短视频拍摄采用中配团队，普通中配团队的岗位设置包括编剧、导演、演员、摄像、剪辑和运营。

（2）确定编剧和导演人数及主要工作。根据短视频团队的工作流程，前期准备工作主要是确定选题、撰写和确定短视频脚本，通常需要设置编剧和导演两个岗位，在节约成本的前提下，可以考虑将这两个岗位合并为编导，人数为 1 人，审核脚本的工作可以交给客户代表或者公司的部门主管。编导根据审核意见修改并确定最终的短视频脚本。

（3）确定演员人数及主要工作。本短视频主要在农产品生产基地拍摄，可以在脚本创作时就将演员设定为基地的工作人员，可以拍摄一些工作人员施肥、除草、采摘和打包等日常工作镜头，这样既能体现农产品绿色生产、人工种植的特点，也能增强短视频的真实性。

（4）确定摄像人数及主要工作。摄像人员可以设定为 1～2 人，可以从不同的构图和场景进行拍摄，为剪辑拍摄更多的视频素材。

（5）确定剪辑人数及主要工作。本短视频涉及的农产品较多，拍摄的镜头和视频素材也较多，剪辑的工作量较大，加上客户对视频效果还有较高的要求，需要 1～2 名剪辑人员。

（6）确定运营人数及主要工作。同样，客户要进行整个生产基地产品的网络营销，涉及多个平台，工作量同样较大，需要 1～3 名运营人员。

（7）组建团队。综上所述，拍摄农产品的宣传短视频需要组建表 1-8 所示的团队。

表 1-8 农产品短视频团队

| 岗位 | 数量 | 主要工作 |
|---|---|---|
| 编导 | 1 人 | 确定短视频的内容，撰写明确的拍摄大纲或脚本，根据审核意见修改并确定最终的短视频脚本 |
| 摄像 | 1～2 人 | 根据短视频脚本拍摄短视频 |
| 剪辑 | 1～2 人 | 剪辑拍摄的短视频素材，并结合多方意见制作成最终的宣传短视频 |
| 运营 | 1～3 人 | 将制作的短视频发布到多个短视频平台，并通过用户运营和内容运营提高短视频的流量 |

# 综合实训

## 实训一 在电商平台观看农产品短视频

**实训目的：**认识常见的能够播放短视频的电商平台，熟悉产品短视频的展示位置、拍摄方式和特点。

**实训要求：**选择 3 个目前热门的能够播放短视频的电商平台，选择大米和鸡蛋这两种常见的农产品，对比观看短视频。

**实训思路：**本次实训涉及选择短视频平台、搜索关键词，以及选择并观看产品短视频等操作，具体操作思路可参考图 1-37。

**实训结果：**本次实训的参考效果如图 1-38 所示（配套资源：\效果文件\项目一\综合实训\农产品短视频\大米、鸡蛋\）。

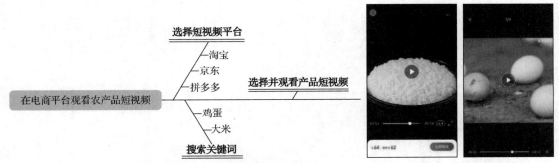

图 1-37 在电商平台观看农产品短视频的思路

图 1-38 实训参考效果

## 实训二 模拟组建美妆短视频团队

**实训目的：**熟悉短视频团队的类型，掌握短视频团队的组成和分工。

**实训要求：**某营销机构需要组建一个美妆产品短视频团队，培养一个粉丝超过百万人的美妆达人，现需要确定团队类型，并根据类型为团队成员进行职能分工。

**实训思路：**本次实训涉及确定团队类型和设置团队分工等操作，具体操作思路可参考图 1-39。

**实训结果：**本次实训完成后，美妆短视频团队（部分）参考效果如图 1-40 所示。

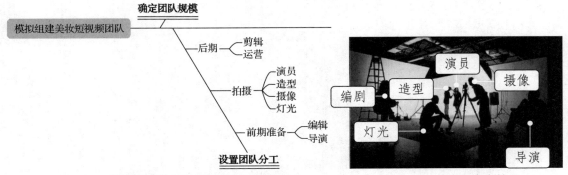

图 1-39 模拟组建美妆短视频团队的思路

图 1-40 实训参考效果

# 巩固提高

1. 简述短视频的概念。

2. 短视频的特点有哪些？

3. 电商平台的短视频展示位置有哪些？

4. 短视频的类型有哪些？

5. 举例说明哪些平台中有产品展示短视频。

6. 在短视频平台中搜索"生鲜"，并播放水产品短视频。

7. 某网店要拍摄一条新鲜枇杷的展示短视频，放置在主图位置，请为其组建一个短视频团队，并说明团队类型、规模大小以及工作分工。

8. 某手机厂商即将上市一款新手机，找到某广告公司为其拍摄一条广告短视频，请组建一个短视频团队，并说明其规模大小和工作分工。

# 短视频策划

## 学习目标

【知识目标】

1. 熟悉短视频选题的角度，能够使用公式确定短视频选题。
2. 了解短视频内容的价值，熟悉短视频内容的创作方式、结构和创意方法。
3. 熟悉短视频脚本的类型，掌握短视频脚本的写作思路和写作技巧。

【技能目标】

1. 具备策划和设计各种短视频内容的能力。
2. 具备创作不同类型短视频脚本的能力。

【素养目标】

短视频创作者要具有使命感和责任感，这样才能够创作出弘扬社会主义核心价值观和中华传统美德，传播社会正能量的短视频内容。

## 项目导读

短视频需要通过内容来吸引和打动用户，使用户贡献出自己的流量，从而推动短视频的传播。因此，在拍摄短视频前，内容创作者首先需要精心策划好具体的内容。某家电品牌推出了新款的五谷杂粮破壁机，需要拍摄一条宣传破壁机的短视频，放在网络旗舰店的产品详情页中。荣邦公司接下了这项工作，并交给老李。老李召集短视频团队分配工作和任务，小赵被分配到编剧组，负责破壁机短视频的前期策划。考虑到小赵是实习生，对具体工作不熟悉，老李将短视频策划的工作分成确定短视频选题、设计短视频内容和撰写短视频脚本3个部分。小赵根据老李的提示开始进入短视频策划的工作中。

## 任务一 确定短视频选题

### 任务描述

在老李的指导下，小赵需要根据短视频选题的原则、角度和公式，确定破壁机短视频的选题。在工作之前，小赵填写了任务单（见表2-1）。

表 2-1 　　　　　　　　　　　　　　　　任务单

| 任务名称 | 为破壁机短视频确定选题 | |
|---|---|---|
| 任务背景 | 这款五谷杂粮破壁机是一款升级产品，需要展示出与旧款的不同，突出该款产品的多种性能。基于此，在拍摄短视频前，需要先明确设计的思路与内容选题的方向 | |
| 任务类别 | □理论学习　　■内容策划　　□视频拍摄　　□技巧应用　　□视频剪辑　　□运营推广 | |
| **工作任务** | | |
| **任务内容** | **任务说明** | |
| 任务演练：确定破壁机短视频的选题 | 【选题角度】常规、价值、趣味、情感、热点<br>【选题公式】A1+A2+B1+B2 | |

任务总结：

 **知识准备**

# 一、选题的原则

确定短视频选题需要遵循一些核心原则，否则短视频可能不被用户所接受，甚至不能在短视频平台中发布。

（1）符合规则。选题需要符合短视频平台的规则，不能涉及短视频平台明确规定的违规内容。

（2）符合定位。内容需要符合短视频账号的定位，例如，账号定位为运动达人，则短视频选题就要与运动相关。

（3）体现创意。短视频内容要具有创意，即便只是做出了一点微小的创新也会带来截然不同的效果。例如，在常规主题的产品短视频中增加一些品牌故事，或者有趣的实用小知识等，这些创意就有可能提高用户对短视频的关注度。

（4）符合用户需求。短视频平台通常都具备用户画像功能，通过该功能内容创作者就能查看目标用户的性别、年龄、地域、活跃度等具体特征，并利用这些特征分析出用户的需求。例如，抖音某短视频账号的用户以一二线城市的中等收入的女性白领为主，这类用户对生活有较高的要求，不希望工作占据过多时间，并需要进行自我肯定和自我突破。通过分析用户特征，内容创作者就可以在短视频中增加提升生活品质、提升自我的有效方法或实用工具等内容，从而引导用户关注或购买相关产品。

# 二、选题的角度

合适的、优质的主题是短视频受欢迎的基础。内容创作者需要找准短视频内容的切入角度，找到了选题的角度就找到了主题的突破口。常见的选题角度有以下几个。

（1）常规。记录日常生活、工作、学习、娱乐时的场景、技能、状态等都是常规的选题角度。

例如，美妆短视频的常规选题就有美妆知识、美妆品牌等，用户观看后就很可能会对短视频内容产生信任和期待，甚至可能产生相关产品的消费意愿。

（2）价值。短视频内容需要具备一定的价值，要让用户在观看后获得精神层面或物质层面的收获。例如，在观看普通短视频后，用户能够收获生活感悟、科学认知或人生哲理；在观看产品短视频后，用户能够收获技巧知识、观点评价或购买建议等。

（3）趣味。趣味是指短视频内容具备一定的趣味性，在让用户获得身心愉悦感受的同时，传递乐观、积极向上的生活态度和幽默感。从趣味角度制作的短视频包括满足好奇、生活记录、搞笑内容、美好事物、炫技调侃等内容。

（4）情感。情感是人适应生存的心理工具，也是人际交流的重要手段。从情感角度制作的短视频可以令用户产生共鸣，包括情绪上的共鸣、观念上的共鸣、经历上的共鸣、身份上的共鸣以及审美上的共鸣等，从而认同短视频内容，产生购买行为。

（5）热点。热点是指与账号定位有关联的热点事件，最好在事件出现后的两小时左右就确认选题并创作好内容。根据热点制作短视频需要随时关注各大热门榜单，选择相关的热点进行创作，同时收藏热门的背景音乐或表情等，以辅助选题。

## 三、选题的公式

在符合核心原则的前提下，内容创作者可以参考图 2-1 所示的短视频选题公式，从而更加轻松地确定短视频选题。

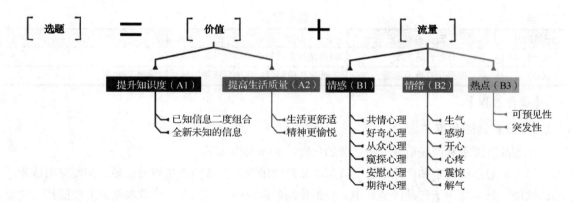

图 2-1　短视频选题公式

 **知识拓展**

内容创作者也可以通过制作系列选题来实现短视频的长期运营。系列选题一般是基于以往有较好反馈的短视频内容来制作。系列选题围绕一项中心内容进行连续的创作，强调关联性、连续性，这样才能增强用户的黏性。图 2-2 所示为厨房系列选题的小家电产品短视频，通过将产品与厨房相关联，既形成了连续性的系列短视频，又推广了多个关联的厨房系列产品。

图 2-2 厨房系列选题的产品短视频

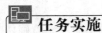 **任务实施**

**任务演练：确定破壁机短视频的选题**

【任务目标】

根据选题公式，确定放置在产品详情页的产品展示类破壁机短视频的选题。

【任务要求】

本次任务的具体要求如表 2-2 所示。

表 2-2                                    任务要求

| 任务编号 | 任务名称 | 任务指导 |
| --- | --- | --- |
| （1） | 分析选题角度 | 根据品牌需求和产品信息分析选题的角度 |
| （2） | 根据公式确定选题 | 先选定价值因素，再选定流量因素，最后确定选题 |

【操作过程】

**1. 分析选题角度**

根据品牌需求和产品信息分析选题的角度，具体操作如下。

（1）汇总品牌需求和产品信息。该家电品牌要求为新款破壁机拍摄短视频，需要突出该款产品的性能，且主要用于产品详情页中。根据该品牌提供的产品信息，该款破壁机的性能特点主要包括一机多能、触按大屏幕、高硼硅玻璃杯、12 小时智能预约、11 大智能程序、一键自动清洗等。

（2）分析选题的角度。从常规角度出发，可以将短视频选题设定为新款破壁机的介绍，逐一展示产品的相关性能特点。从价值角度出发，因为是新款破壁机，需要展示其"新"在何处，所以，可以将短视频选题设定为展示产品全新的或升级后的性能特点。从趣味角度出发，可以将短视频选题设定为制作多种不同的食物，满足用户对新款产品的好奇，以及增加用户亲手制作食物的兴趣，吸引用户购买产品。从情感角度出发，可以将短视频选题设定为操作上的方便和智能化，使用户产生在产品使用上的共鸣，认同破壁机智能化操作的便捷性，从而激发用户的购买行为。从热点角度出发，如果接近节假日，可以在短视频选题中添加节假日的热点，以在节假日为家人或好友轻松制作美食为切入点。

### 2. 根据公式确定选题

根据选题的公式，先考虑价值因素，再考虑流量因素，最终组合起来确定选题，具体操作如下。

（1）考虑价值因素。短视频中需要向用户介绍产品的各种性能信息，这些对不了解破壁机的用户来说都是全新未知的信息，属于提升知识度（A1）因素的范畴。另外，产品的一机多能、12小时智能预约、一键自动清洗等性能有助于提高用户生活质量，涉及提高生活质量（A2）因素。

（2）考虑流量因素。一般来说，新产品的出现会引起想要购买新的破壁机用户的好奇，而新产品的性能能够帮助用户解决一定的问题，可以唤起用户对该款产品的期待。而问题的解决又会给用户带来开心的感觉。也就是说，新款破壁机产品的短视频选题可以同时包含情感（B1）、情绪（B2）的因素。热点（B3）因素可融入节日热点或时事热点，如在端午期间制作粽子馅料、在某电视剧热播期间制作同款美食。但由于这些热点具有较强的时效性，而该产品短视频又需要长期发布在产品详情页中，为避免热点失效，此处可不考虑热点（B3）因素。

（3）确定选题。根据前面的分析，不必考虑热点因素，可以直接将选题的公式确定为"A1+A2+B1+B2"。

### 👥 技能练习

腐竹是一种非常受欢迎的客家传统食品，历史悠久，如果要为腐竹拍摄一条广告宣传短视频，请从网上搜索一款腐竹产品，了解其详细的产品信息，以此确定短视频的选题。

# 任务二　设计短视频内容

### 🖥 任务描述

在确定了破壁机短视频的选题后，小赵需要设计短视频的内容，主要包括破壁机的外观、主要功能和常用食物的制作等，简单地说，内容主要是展示破壁机的独特卖点。小赵填写了任务单（见表2-3），以此作为撰写短视频脚本的基础。

表2-3　　　　　　　　　　　　　　任务单

| 任务名称 | 设计破壁机短视频的内容 | |
|---|---|---|
| 任务背景 | 破壁机属于家用厨房电器，这类产品短视频通常以外观和功能展示、不同场景或不同应用条件下的使用为主，以更多的功能和使用场景来体现新旧款之间的不同 | |
| 任务类别 | □理论学习　■内容策划　□视频拍摄　□技巧应用　□视频剪辑　□运营推广 | |
| 工作任务 | | |
| 任务内容 | 任务说明 | |
| 任务演练：设计破壁机短视频的内容 | 【内容的创作方式】剪辑拼接<br>【内容的结构】外观展示、功能展示、食物制作<br>【内容中人的呈现形式】以肢体或语言为主 | |
| 任务总结： | | |

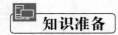 知识准备

# 一、内容的价值

　　短视频的内容除了能够直接产生物质价值外，还能够影响用户的精神层面，具备功能价值、情感价值、社会价值和认知价值。

　　（1）功能价值。功能价值主要是指短视频内容能够对用户的日常生活起到促进作用。例如，健身短视频能够向用户提供运动方面的建议，帮助用户通过运动保持身体健康。

　　（2）情感价值。一些优秀的短视频内容能够向用户传递某种情感，或与用户产生情感共鸣。例如，农村生活短视频可以吸引众多喜欢田园风光、农村美食的用户，与这些用户建立情感连接。同时，这些用户可以在评论区交流，实现情感沟通。

　　（3）社会价值。人是社会性的动物，人的生存和生活都离不开社会，所以，人们通常对社会有着特别的关注。一旦短视频中涉及正在发生的、受人关注的社会事件等内容，用户就更容易关注。

 素养小课堂
　　单纯靠娱乐吸引用户的短视频不可能成为市场主流，短视频的核心竞争力还是内容本身。那些满足用户需求、帮助解决问题、有价值的优质内容才是短视频行业发展的根本。所以，内容创作者在策划和制作短视频时，一定要赋予内容足够的价值。

　　（4）认知价值。认知价值是指短视频内容可以提升用户对某事物的认知。例如，科普类短视频、财经类短视频可以让用户深入了解相关知识，拓展用户的知识面。

# 二、内容的创作方式

　　短视频的创作方式是影响短视频受欢迎程度的重要因素。当前比较流行且容易获得用户关注的创作方式有以下几种。

　　（1）图文拼接。各大短视频平台中，有许多以图片和文字为主要内容，并辅以背景音乐的短视频。这些短视频通常使用平台自带的模板，将产品照片和文字添加到其中，或者由平台将所选图片自动制作成短视频，如图 2-3 所示。这种短视频的制作十分简单，且门槛较低。

　　（2）脱口秀。脱口秀是在抖音等短视频平台中使用较多的短视频内容创作方式，这种方式创作出的短视频通常以讲坛形式向用户讲解各种知识或灌输正能量，并为用户提供有价值的内容，吸引用户的关注和转发，提高短视频的播放量。

　　（3）反差。反差泛指好坏、优劣和美丑等方面对比的差异，是当下非常流行的一种短视频内容创作方式。例如，热门的古风换装和民族变装类短视频，在前面展示演员的现代服装造型，而在后面则展示换装后的古风或民族造型，如图 2-4 所示，形成强烈的反差以达到吸引用户关注的目的。

图 2-3　使用图文拼接方式创作短视频

（4）讲故事。短视频中有新意、有创意的故事总是能够吸引用户的关注。故事内容较好，具备正能量且能够引起用户共鸣的系列短视频在当下比较受欢迎。很多短视频内容创作者为了提高播放量，会通过讲故事的方式来创作内容。

（5）模仿。模仿就是通过模仿其他流行的短视频来创作自己的短视频内容。这种方式创作的短视频由于不需要自己撰写脚本，只需稍加改进即可制作，所以被很多短视频新手采用。需要注意的是，要想获得更多用户的关注，短视频内容就要在模仿的基础上突出个人特色，形成自己的独特风格。

（6）生活记录。记录日常生活的内容也是目前非常热门的短视频内容创作方式，特别是记录旅行生活或农村生活的内容，能够吸引大量想了解不同生活方式的用户的关注，如图 2-5 所示。

图 2-4　反差创作方式

图 2-5　生活记录创作方式

（7）剪辑拼接。剪辑拼接的内容创作方式主要有两种表现形式。一是以各种影视剧或综艺节目为基础，通过截取精华看点或情节制作短视频。二是通过介绍产品的外观、性能和实际应用来制作短视频。电商平台的短视频很多是通过剪辑拼接的方式制作而成。

## 三、内容的结构

由于短视频时长有限，为了加深用户的印象，内容创作者应该做好短视频内容结构的设计，充分发挥短视频在各个播放时间段的内容优势。

### （一）内容诱因

短视频内容，特别是产品短视频内容，一开始就要极具吸引力，通常需要设置一些内容诱因，为用户建立内容期待。

（1）制造悬念。短视频内容通常都有文案，用以预告内容亮点或制造悬念，让用户产生期待，继续观看下去。例如，破壁机短视频开头的文案"一机多能，味蕾时刻尝鲜"就会引起用户对破壁机的兴趣和期待，如图2-6所示。

（2）明确告知。在短视频开头明确告知用户短视频的主题或主要内容，包括开场抛出问题、话题，或抛出利益点等。例如，某黑芝麻丸短视频一开始的文案，"手工黑芝麻丸开袋即食"，吸引用户对手工制作产品的好奇心与求知欲，让用户产生看下去的欲望。

（3）身份代入。用户如果在短视频中看到了与自己日常生活相关的内容，就容易与内容产生共鸣，并继续观看短视频。例如，破壁机短视频中制作豆浆的内容能让用户代入自己制作豆浆的场景，如图2-7所示。

（4）视觉冲击。短视频内容在视觉上的冲击能吸引用户继续观看。例如，破壁机短视频中，在一开始就是各种谷物掉落到破壁机玻璃杯中的镜头画面，这种特写镜头能产生极强的视觉冲击，如图2-8所示。

 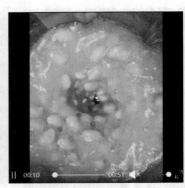 

　　图2-6　制造悬念　　　　　　　图2-7　身份代入　　　　　　　图2-8　视觉冲击

（5）人物魅力。有些用户很看重短视频演员的人物魅力，并会因此而继续观看短视频。人物魅力包括外貌、气质、妆容、穿着、谈吐、举止等多个方面。

（6）音乐。不同的音乐风格会带给用户不同的情绪反应，从而直接建立起相应的观看期待。例如，在短视频平台中被广泛使用的热门音乐往往默认与某类短视频内容绑定，用户听到音乐时会期待接下来将会出现的内容。

## （二）内容结构

按照短视频的播放进程，短视频的内容结构通常划分为 4 个步骤，每个步骤完成对应的目标，其中第 2 步和第 3 步是短视频的主体内容，如图 2-9 所示。

图 2-9　短视频的内容结构

# 四、内容的创意

短视频已经与人们的日常生活息息相关，通过短视频宣传产品也是极其普遍的营销方式。现在，网络中每时每刻都在产生巨量的短视频，同质化的内容越来越多，有创意的短视频内容更容易受到关注。因此，为短视频内容增加创意很有必要。

## （一）创意思维

短视频内容创作者常需要运用发散思维、聚合思维、横向思维和逆向思维等思维方式来生成创意。

（1）发散思维。发散思维亦称扩散思维、辐射思维，是指在创造和解决问题的思考过程中，从已有的信息出发，尽量发挥想象力，求得多种不同的解决办法，衍生出各种新的设想、答案或方法的思维方式。例如，运用发散思维进行联想，曲别针除了装订书页、别衣服的功能外，还可以用来当手机支架、钥匙扣、临时鱼钩等。将这些功能添加到曲别针的短视频内容中，可以丰富产品本身的功能，增加知识技能输出，使短视频内容变得更加丰富和充满吸引力。

（2）聚合思维。聚合思维又称为求同思维、集中思维、辐合思维和收敛思维，是指从已知信息中产生逻辑结论，从现有资料中向着结论的一个方向思考，寻求正确答案的一种有方向、有条理的思维方式。例如，洗发水有去屑、止痒、去油、滋润、养护等多种功效，设计洗发水短视频内容时强调去屑功效，只是选择了更合适、更具针对性的一项功效，这就是聚合思维的体现，即从众多信息中挑选更关键、更有效的信息展示给用户，以达到划分用户、精准营销的目的。

（3）横向思维。横向思维是一种打破逻辑局限，将思维往更宽广的领域拓展的思考模式，其最大的特点是打乱原来明显的思维顺序，从其他角度寻求新的解决办法。例如，设计耳机短视频内容时，通常是以音质、舒适性为卖点，如果以耳机外观的酷炫，以及与服装搭配的时尚作为卖点，同样可以吸引很多年轻用户的关注，这就是运用横向思维产生的内容创意。

　　与横向思维相对的是纵向思维，也就是逻辑思维，即遵循一条明显的思维路线，直上直下地进行垂直思考。而横向思维则可以创造多个切入点，甚至可以展开从终点返回起点的思考。另外，换位思考也是横向思维的一种表现形式。

　　（4）逆向思维。逆向思维也叫求异思维，是对几乎已有定论的或已有某种思考习惯的事物或观点进行反向思考的一种思维方式，其特点就是让思维向对立的方向发展，从问题的相反面进行探索，找出新创意与新想法。

### （二）创意方法

　　很多产品短视频会梳理包括外观、属性、特征、质量和应用等在内的产品卖点，并通过输出有创意的内容，充分展示和宣传产品，吸引用户关注和购买。

　　（1）罗列关键词。在主题的范围内，根据产品主体的不同特点和不同思考方向，罗列出相应的关键词，这样才能产生较多的可供选择的内容。或者将关键词进行随意搭配，再根据搭配来形成灵感与想法，最终设计出创意内容。

　　（2）九宫格思考。九宫格思考是一种用于激发创意的练习法，具体是在九个空格中间写入产品名称，然后将可帮助此产品销售的众多卖点写在旁边的 8 个格子内，然后反复思考、自我辩证，修改或增减卖点，直到得出最终的创意内容。图 2-10 所示为使用九宫格思考创意方法得出的电动牙刷的卖点。

图 2-10　电动牙刷的卖点

　　（3）要点延伸。要点延伸是将产品特点以单点排列开来，再针对单点展开叙述的方法。这种方法能够丰富短视频内容的素材、观点，使短视频内容更加详细、细致。

　　（4）金字塔论证。金字塔论证是对短视频内容的逻辑阐述，是一种从上往下表达的论点与论据之间的层次关系，因各部分组成一个金字塔结构而得名。例如，以春季新款为主题的运动鞋短视频，下设外观好看、轻便和实用 3 个论点，论点下又有论据进行层层支持，最终就能设计出有创意的短视频内容。

## 五、内容中人的呈现形式

　　人既可以作为短视频的主角，也可以辅助展示短视频的主体内容。内容创作者在设计短视频内容时，需要提前设计好人的呈现形式。

　　（1）以肢体或语音为主。以肢体或语音为主是指以肢体或语音作为内容的一个主体展示给用户，以视频画面为另一个主体，如被遮挡的面部、手部等。这种呈现形式最显著的特点就是以特殊物质替代脸部作为记忆点，例如，辨识度极高的声音、某种特殊样式的标记等。图 2-11 所示为以手部为主的破壁机短视频，主要通过手部的动作，展示破壁机的功能，以及利用破壁机制作各种食物的效果。

（2）以真人为主。以真人为主角往往有更大的创作空间，并容易形成非常深刻的记忆点。而且，真人也可以获得较大的知名度，更容易成为短视频达人，并获得一定的影响力和商业价值。例如，服装短视频就经常以真人为主，向用户展示服装上身后的效果，如图 2-12 所示。

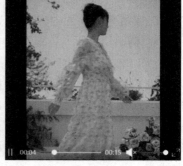

图 2-11　以手部为主的破壁机短视频　　　　　图 2-12　以真人为主的短视频

> ⏰ **提示**
>
> 　　以真人为主的短视频如果是组建团队进行内容创作，就需要考虑签约成熟达人或培养潜力达人等问题；如果由内容创作者本人出镜，则内容创作者的表演水平和外形需要达到一定要求。另外，动物作为拍摄主体也是真人为主的一种特殊形式，短视频必须通过配音、字幕和特定的表情抓拍等手段赋予动物"人的属性"，才能获得用户关注。

（3）以虚拟形象为主。以虚拟形象为主的呈现形式需要专业人员设计虚拟形象，通常会花费较大的人力和时间成本。但这种形式的短视频具有更高的可控性，内容创作者能够自己控制短视频的内容走向，精准地表达情绪并流畅地推动剧情。而且，虚拟形象可以制作得精致、可爱一点，以增加用户的好感，促使用户观看并关注短视频账号。

 **任务实施**

### ☕ 任务演练：设计破壁机短视频的内容

【任务目标】

为破壁机短视频设计内容，主要包括设计内容形式和设计内容结构两个方面。

【任务要求】

本次任务的具体要求如表 2-4 所示。

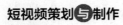
表 2-4　　　　　　　　　　　　　　　任务要求

| 任务编号 | 任务名称 | 任务指导 |
|---|---|---|
| （1） | 设计内容形式 | ① 选定内容的创作方式<br>② 设计内容中人的呈现形式 |
| （2） | 设计内容结构 | ① 将短视频内容分为外观展示、功能展示和食物制作 3 个部分<br>② 设计字幕和背景音乐 |

【操作过程】

**1. 设计内容形式**

破壁机短视频的内容形式设计包括选定内容的创作方式和设计内容中人的呈现形式两个方面，具体操作如下。

（1）选定内容的创作方式。作为一条产品短视频，破壁机短视频需要放置在网店中使用。常用的内容创作方式就是剪辑拼接，将产品的外观介绍、性能展示和实际应用等内容编辑在一起。从创意的角度出发，可以选择其他创作方式设计内容，例如，选择生活记录的创作方式，邀请一位美食达人，以达人制作网络热门的芒果冰沙为主要内容拍摄一条短视频，作为破壁机的展示和宣传短视频。由于该短视频将在产品详情页展示，因此选择剪辑拼接的创作方式。

（2）设计内容中人的呈现形式。这里使用排除法，首先排除以虚拟形象为主的呈现形式，原因是成本较高；然后排除以真人为主的呈现形式，因为演员出镜容易分散用户的注意力；但是，破壁机的功能展示和食物制作又需要人来进行，所以，选定以肢体为主的呈现形式。

**2. 设计内容结构**

接下来就为破壁机短视频设计内容结构，并设计字幕和背景音乐，具体操作如下。

（1）划分内容结构。破壁机短视频用于网店中播放，主要目的是吸引用户购买，这里将内容结构的前两个步骤合并，一开始就通过整体外观和文字描述来吸引用户的关注。因此，这里将破壁机的短视频内容划分为 3 个部分，首先是外观展示，然后是功能展示，最后是食物制作。

（2）设计外观展示内容。外观展示包括两个部分：一是在短视频开头，在厨房的家居环境中展示破壁机的整体外形，给用户留下精致、专业家用电器的印象；二是在短视频结尾，同样在厨房中，但需要增加破壁机制作的食物，给用户传达破壁机能轻松制作多种食物的观念，如图 2-13 所示。另外，还需要重点展示破壁机触按大屏幕和高硼硅玻璃杯这两个外观特点。

（3）设计功能展示内容。因为破壁机是新款，所以应该重点展示升级后的或全新的功能，如 12 小时智能预约、11 大智能程序、一键自动清洗等。图 2-14 所示为一键自动清洗的功能展示。

（4）设计食物制作内容。破壁机的食物制作通常分为冷饮、热饮和干磨绞肉 3 种类型，冷饮包括果汁、冰沙、奶昔和碎冰等；热饮包括豆浆、热粥和米糊等；干磨绞肉包括肉末、蒜末、咖啡粉和芝麻酱等。这里为了节约拍摄成本，以热饮和冷饮为主，食物制作的内容为豆浆、鲜榨果蔬奶昔（见图 2-15）、五谷杂粮米糊和玉米汁的制作。

图 2-13 外观展示

图 2-14 一键自动清洗的功能展示

图 2-15 鲜榨果蔬奶昔制作

（5）设计字幕内容。产品短视频如果只是视频画面，用户并不能完全理解产品的卖点，这就需要为产品短视频设计字幕内容。字幕包括 4 个部分：首先是短视频开头的字幕，用于显示破壁机的名称和型号，以及主要卖点或广告宣传语，位置应该在画面中上或中下，以不遮挡产品为宜；然后是外观卖点字幕，对应外观内容；接着是功能卖点字幕，对应功能内容；最后是食品制作字幕，对应食品制作内容。

（6）设计背景音乐内容。由于设计的短视频内容多为厨房场景和食品制作场景，因此背景音乐可以选择舒缓或轻快的音乐，营造温馨的氛围。另外，可以在短视频中使用破壁机操作的原声，给用户带来身临其境的感受和体验。

### 👥 技能练习

以"中国故事"为主题，拍摄一条展示"可信、可爱、可敬的中国形象"的短视频，请按照前面所学的知识，设计短视频的内容。

# 任务三　撰写短视频脚本

### 💻 任务描述

设计好短视频的内容后，小赵需要根据内容撰写短视频脚本，用来详细说明破壁机短视频的拍摄内容。小赵将本次任务（见表 2-5）分为两个部分，根据短视频脚本的类型分别撰写提纲脚本和分镜头脚本。

表 2-5　　　　　　　　　　　　　　　　　　　任务单

| 任务名称 | 撰写短视频脚本 | | | | |
|---|---|---|---|---|---|
| 任务背景 | 脚本是短视频拍摄的说明书，破壁机短视频内容设计得比较简单，可以先根据内容设计撰写提纲脚本，发挥创造能力，再撰写更为详细的分镜头脚本，以推动拍摄和剪辑工作的顺利开展 | | | | |
| 任务类别 | □理论学习 | ■内容策划 | □视频拍摄 | □技巧应用 | □视频剪辑　□运营推广 |

续表

| 工作任务 | |
| --- | --- |
| 任务内容 | 任务说明 |
| 任务演练1：撰写破壁机短视频的提纲脚本 | 【脚本主题】新款破壁机介绍<br>【脚本要素】提纲要点、要点内容 |
| 任务演练2：撰写破壁机短视频的分镜头脚本 | 【脚本主题】新款破壁机介绍<br>【脚本要素】镜号、景别、拍摄方式、画面内容、字幕、背景音乐、时长 |
| 任务总结： | |

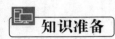

## 一、脚本的类型

短视频脚本是介绍短视频的详细内容和具体拍摄工作的说明书，大多提前统筹安排了摄像和剪辑要做的工作，能够为后期工作的开展提供流程指导。短视频脚本通常有提纲脚本、分镜头脚本和文学脚本3种不同的类型，适用于不同内容的短视频。

### （一）提纲脚本

提纲脚本涵盖短视频内容的各个拍摄要点，通常包括对主题、视角、题材形式、风格、画面和节奏的阐述。提纲脚本对拍摄只能起到一定的提示作用，适用于一些不容易提前掌握或预测的内容。策划新闻或旅行短视频时经常使用提纲脚本，策划个人拍摄产品短视频或生活Vlog（视频日志）时也常用提纲脚本。表2-6所示为宠物食品短视频的提纲脚本。需要注意的是，提纲脚本一般不限制团队成员的工作，可让摄像有较大的发挥空间，对剪辑的指导作用较小。

表2-6　　　　　　　　　　　　　宠物食品短视频的提纲脚本

| 提纲要点 | 要点内容 |
| --- | --- |
| 主题 | 宠物猫进食的过程 |
| 宠物猫进食 | ① 拍摄准备猫粮的视频（远景镜头为主）<br>② 拍摄宠物猫吃猫粮的视频（中景、近景镜头为主）<br>③ 拍摄宠物猫吃猫条的视频（中景、全景，以产品为背景，最好有宠物猫抢着吃的画面）<br>④ 拍摄宠物猫吃罐头的视频 |

### （二）分镜头脚本

分镜头脚本主要是以文字的形式直接表现不同镜头的短视频画面，其内容能够表现短视频前期构思时对短视频画面的构想。分镜头脚本的主要项目通常包括景别、拍摄方式（镜头运用）、画面内容、台词或字幕、背景音乐和时长等。有些专业的短视频团队撰写的分镜头脚本中甚至会涉及摇臂使用、灯光布置和现场收音等项目。分镜头脚本就像短视频创作的操作规范一样，为摄像提供拍摄依据，也为剪辑提供剪辑依据。

分镜头脚本又分为图文集合和纯文字两种类型。其中，图文集合的分镜头脚本比较专业，很多影视剧在拍摄前会由专业的分镜师甚至导演本人来绘制和撰写分镜头脚本。

（1）图文集合的分镜头脚本。图文集合的分镜头脚本通常由编剧或专业的分镜师负责，他们会先和导演沟通，听取其对短视频内容的描述，然后进行整理，绘制出导演心中的成片画面，并在其中添加一些必要的文字内容。这种类型的分镜头脚本的主要项目通常包括镜号、景别、画面、内容和台词等。其中，"画面"项目是指分镜图画，一般是 16：9 的矩形框，"内容"项目则是对"画面"项目的描述以及补充说明。

> **提示**
>
> 图文集合的分镜头脚本还有另一种形式，即直接使用真实的照片或动态图片作为"画面"项目的内容，这种形式经常被用于影视剧的剧本创作。

（2）纯文字的分镜头脚本。纯文字的分镜头脚本将短视频的整个内容用文字的方式呈现，在写作此类脚本时通常将所涉及的项目制作成表格的表头，然后按照短视频的预期成片效果将具体的内容填入表格中，供拍摄和后期剪辑时参照。纯文字的分镜头脚本也是短视频内容策划中十分常用的脚本类型，表 2-7 所示为芒果短视频的分镜头脚本（节选）。

表 2-7　　　　　　　　　　　　芒果短视频的分镜头脚本（节选）

| 镜号 | 景别 | 拍摄方式 | 画面内容 | 台词 | 背景音乐 | 时长 |
|---|---|---|---|---|---|---|
| 1 | 近景 | 正面拍摄 | 女演员双手端来一盘剥好皮的芒果 | 芒果太甜了 | | 2秒 |
| 2 | 近景 | 俯视镜头 | 拿起一个芒果切开 | 新鲜的芒果 | | 2秒 |
| 3 | 特写 | 俯视镜头 | 切芒果 | 水分充足，味道香甜 | | 3秒 |
| 4 | 近景 | 俯视镜头 | 把切好的芒果放进准备好的盘子里 | 香甜可口，吃一口就是享受 | 轻快音乐 | 3秒 |
| 5 | 近景 | 侧面拍摄 | 将做好的面皮铺在盘子里 | 芒果也有多种吃法 | | 2秒 |
| 6 | 近景 | 俯视镜头 | 在面皮上挤上雪白的奶油 | 可以制作甜点 | | 2秒 |
| 7 | 特写 | 俯视镜头 | 将芒果铺在奶油上，反复几次 | 芒果班戟制作完成 | | 6秒 |

## （三）文学脚本

文学脚本中通常只需要写明短视频中的主角需要做的事情或任务、所说的台词和整条短视频的时长等。文学脚本类似于电影剧本，以故事开始、发展和结尾为叙述线索。简单地说，文学脚本需要表述清楚故事的人物、事件、地点等。

文学脚本是一个故事的梗概，可以为导演、演员提供帮助，但对摄像和剪辑的工作没有太大的参考价值。知识传播、产品评测和故事剧情短视频就经常采用文学脚本，很多个人短视频内容创作者和中小型短视频团队为了节约创作时间和资金，也会采用文学脚本。

**素养小课堂**

撰写短视频脚本时，应该以"坚持以人民为中心的创作导向，推出更多增强人民精神力量的优秀作品"为指导，通过短视频内容在潜移默化之中丰富用户的精神世界。

## 二、脚本的写作思路

短视频脚本的写作包括确认主题、写作准备、确定要素和填充细节 4 个主要步骤。

### （一）确认主题

短视频的内容通常都有一个主题，主题可以展示内容的具体类型。例如，手机产品相关的短视频，其内容应始终围绕产品本身来展开，而产品本身可能涉及酷炫外观、卓越性能和品牌形象等多种主题，如图 2-16 所示。明确的主题可以为后续的脚本写作奠定基调，让短视频内容与对应账号的定位更加契合，有助于提升短视频内容的吸引力，突出账号风格。所以，撰写短视频脚本时，应当先确定主题。

图 2-16　多种主题的手机短视频

### （二）写作准备

写作准备是指为撰写短视频脚本进行一些前期准备，主要包括确定拍摄时间、拍摄地点和拍摄参照等。

（1）确定拍摄时间。确定拍摄时间有两个好处：一是能够落实拍摄方案，为短视频拍摄确定时间范围，从而提高工作效率；二是可以提前与摄像约定拍摄时间，规划好拍摄进度。

（2）确定拍摄地点。提前确认好拍摄地点有利于短视频内容框架的搭建和内容细节的填充，因为不同的拍摄地点对于布光、演员和服装等的要求不同，会影响最终的成片质量。例如，水果蔬菜等产品短视频通常会选择果园、农田等产品产地作为拍摄地点，提前确认这一点有助于在脚本中明确拍摄布光、演员服装等细节。

（3）确定拍摄参照。通常情况下，短视频脚本描述的拍摄效果和最终成片的效果会存在差异。为了尽可能避免这种差异，可以在撰写短视频脚本前找到同类型的短视频，与摄像沟通，说明具体的场景和镜头运用，这样摄像才能根据需求进行内容拍摄。

### （三）确定要素

做好前期准备工作后，就可以根据设计好的短视频内容来确定脚本中需要展现出来的相关要素，也可以说是确定通过什么样的内容细节以及表现方式来展现短视频的主题，并将这些内容要素详细地记录到脚本中。

（1）内容。内容是指具体的情节，就是通过各种场景呈现主题，而脚本中具体的内容就是将主题拆分成单独的情节，并使之能用单个的镜头展现。

（2）镜头运用和景别设置。镜头运用是指镜头的运动方式，包括推、拉、摇、移等。景别设置是选择拍摄时使用的景别，如远景、全景、中景、近景和特写等。相关内容将在项目四中详细介绍。

（3）时长。时长是指单个镜头的时长。撰写脚本时，需要根据短视频整体的时长以及主题和主要矛盾冲突等因素来确定每个镜头的时长，以方便后期剪辑处理，提高后期制作效率。

（4）人物。短视频脚本中要明确演员的数量，以及每个演员的人物设定、作用等。

（5）背景音乐。符合短视频画面气氛的背景音乐是渲染主题的有效手段。例如，以时尚街拍为主题的短视频，可以选择快节奏的嘻哈音乐；拍摄民族服装展示类短视频，则可以选择慢节奏的古典音乐或民族音乐；拍摄生鲜或食品短视频，则可以选择轻音乐、暖音乐等。在短视频脚本中明确背景音乐，可以让摄像更加了解短视频的调性，也让剪辑的工作更加顺利。

### （四）填充细节

短视频内容质量的好坏很多时候体现在一些细节上，例如，一句打动人心的台词，或某件唤起用户记忆的道具。细节可以加强用户的代入感，调动用户的情绪，让短视频的内容更有感染力。

（1）拍摄方式。拍摄方式是指拍摄设备相对于被摄主体的空间位置，包括正拍、侧拍或俯拍、仰拍等。不同的拍摄方式展现的效果是截然不同的。

（2）台词。无论短视频内容中有没有人物对话，通常台词都是必不可少的。台词是为了镜头表达准备的，可起到画龙点睛、加强人物设定、助推剧情、吸引用户留言和增强粉丝黏性等作用。台词应精炼、恰到好处，能够充分表达主题。例如，60秒的短视频，台词在180个字以内为宜。

（3）道具。在短视频中，好的道具不仅能够起到助推剧情发展的作用，还有助于优化短视频内容的呈现效果。道具会影响短视频平台对短视频质量的判断，选择足够精准妥帖的道具会在很大程度上提高短视频的流量、用户的点赞数和评论数等。例如，在烹饪电器产品短视频中，通常会涉及多种美食的制作展示，对应的食材就是拍摄短视频的道具，如图2-17所示。但是，道具只能起到辅助的作用，不能喧宾夺主。

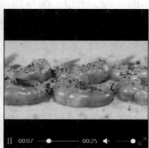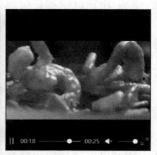

图2-17　烹饪电器产品短视频中的食材道具

（4）影调运用。影调是指画面的明暗层次、虚实对比和色彩的色相明暗等之间的关系。影调的运用应根据短视频的主题、类型、事件、人物和风格等来综合确定。在短视频脚本中，应考虑画面运动时影调的细微变化，以及镜头衔接时不同镜头的色彩、影调变化。简单地说，影调要与短视频的主题契合，例如，冷调配悲剧，暖调配喜剧等。

## 三、脚本的写作技巧

如果将创作短视频比作盖房子，那么脚本就相当于"施工方案"，其重要性不言而喻。撰写短视频脚本还需要掌握一些技巧，以提高短视频内容的质量。

### （一）内容设计技巧

撰写短视频脚本前可先在心中把短视频的画面串联起来，然后根据内容创作方式，将设想的短视频画面展现在脚本中，并运用一定的技巧提升短视频画面的吸引力。

（1）在开头设置吸引点。短视频需要在一开始（5秒以内）就吸引用户的注意力，因此必须设置一个一开始就能抓住用户眼球的点，可以是视频画面、人物动作、背景音乐、特效等。

（2）故事情节尽量简单易懂。首先，故事情节不要太复杂，尽量不要让用户动脑子思考；其次，要将故事情节的逻辑简单地呈现出来；最后，利用短视频标题对内容做补充说明。有剧情的短视频尤其需要做到这一点，否则用户会因无法理解故事情节而放弃观看。

（3）以近景为主。用户通常习惯使用手机观看短视频，画面多采用竖屏形式，这一点决定了在短视频拍摄过程中，近景使用得比较多。撰写短视频脚本时也要考虑到这一点，不要使用太多种景别，应该以近景为主，以带给用户清晰、舒适的观看体验。

（4）适当添加背景音乐与音效。背景音乐能够引导用户的情绪，合适的音效可以增加短视频的趣味性，提升用户的观看体验。

（5）控制时长。短视频时长通常控制在1分钟以内，电商平台的产品短视频时长则通常控制在30秒以内。超过了这个时长范围，用户可能没有耐心看完短视频。

（6）设计一定的转场。转场能让短视频的衔接变得流畅，常见的短视频转场效果包括橡皮擦擦除画面、手移走画面、淡化和弹走等。撰写短视频脚本时就设计一定的转场可以减轻剪辑的工作，并提升短视频的画面品质。

### （二）内容写作技巧

短视频吸引用户的根本是短视频的内容，所以，撰写短视频脚本时，一定要在内容上下功夫。

（1）内容要有反差。观看短视频的用户通常没有耐心去等待漫长的铺垫，所以，短视频的内容不能像普通影视作品那样安排铺叙情节，可以设置反转、反差等情节内容，这样才能引起用户的兴趣，获得用户的点赞和关注。

（2）内容节奏要快。内容节奏要快是指短视频的信息点要密集，尽可能迅速介绍产品的重要性能和卖点，并辅以字幕介绍，让用户迅速接收到卖点信息，并产生继续看下去的欲望。

（3）通过关键词联想出短视频画面。不同的短视频画面往往会有一些体现画面特征的关键词，通过这些关键词可以联想出短视频画面。例如，在空气炸锅短视频中，其功能卖点是"20大智能菜单"，并介绍说"简单美味只需跟着做"，关键词有"智能菜单""简单美味"等，如图 2-18 所示，在撰写短视频脚本时，就可以将这些关键词体现在脚本中。

图 2-18 通过关键词联想出的短视频画面

（4）在短视频脚本中适当增加分镜图画。撰写产品卖点含义比较丰富的短视频脚本时，有些内容仅凭一段文字或一个镜头无法直观展示，这时就可以适当增加分镜图画。例如，演员双脚和运动鞋产品在画面中位置不同，只是场景变化（健身房、崎岖山路、城市道路、场地台阶等）的分镜图画，直观地表现出该运动鞋在不同场景的使用情况。

### （三）带货短视频脚本的写作技巧

带货短视频是目前网络中常用的电商营销方式之一。很多内容创作者并不是短视频达人，也没有足够的用户流量，这时就可以使用一些带货短视频脚本的写作技巧，从而拍摄出能够吸引用户的产品短视频，激发用户下单购买的热情。

（1）罗列卖点。罗列卖点是电商常用的带货短视频脚本的写作方法，脚本中通常会罗列产品核心卖点，并尽量组织简单的文案一次性告知用户。例如，枇杷产品的带货短视频脚本就直接分4 个镜头罗列卖点。一是在一片挂满枇杷的果园树上随手摘下一个大枇杷（原生态种植）；二是用手轻松地剥开枇杷外皮（皮薄肉厚）；三是用嘴咬上一大口，一脸陶醉的样子（味美多汁）；四是满满的一大箱枇杷，然后告诉用户价格并包邮到家（便宜量多且包邮）。图 2-19 所示为抖音中的枇杷带货短视频，其主要内容就是罗列卖点。

（2）说明介绍。短视频脚本内容类似产品的操作手册或说明书，介绍这款产品的使用情况，主要包括产品的外观材质和性能细节，以及产品的优越性等方面，家电、家具产品都适合采用这种方法撰写短视频脚本，服饰、美妆、软件工具等产品也适合。

（3）效果展示。效果展示是直接向用户展示产品的结果、形态，主要包括产品本身的状态，如树上挂满了成熟的水果，以及产品使用的状态，如服装的上身效果、家具的实景展示效果、家用电器的开启效果等。

（4）过程展示。过程展示是指向用户展示一个产品或设计从无到有的被做出来的过程，如房屋装修、艺术设计和美食制作等。例如，手工制作达人拍摄的短视频就是手工制作某个家具的完整过程，如图 2-20 所示。用户可以通过观看完整的过程来增加消费信心，内容创作者可以通过短视频树立自己的专业形象。

图 2-19　抖音中的枇杷带货短视频

（5）对比。对比可以让用户下定购买产品的决心。产品对比主要包含价格、质量和福利 3 个方面的内容。例如，在运动鞋质量和价格差别不大的情况下，推出买一双鞋子送一双袜子的福利，这样就更容易留住用户购买产品。

（6）测试。测试的目的是打消用户对产品质量的疑虑，增加用户下单购买的信心。例如，对鱼竿产品质量进行测试，很常见的就是把鱼竿放在路边，用车压、用脚踩，几个成年人同时踩，以及用鱼竿拖很重的物体等，如图 2-21 所示。

（7）数量展示。采用数量展示的方法撰写的脚本比较适合销量较大的套餐产品。例如，数量展示脚本的写作思路通常是用户给钱要求买产品，商家说钱多了，然后就给用户拿产品，一边拿一边数数，最后告知用户可以用极少的钱买到很多产品还包邮到家；或者商家拿出一个纸箱，往纸箱里放不同的产品，一边放一边数数，如图 2-22 所示，直到把纸箱装满，然后告诉用户只需要一个很优惠的价格就能包邮到家。

图 2-20　过程展示　　　　图 2-21　测试　　　　图 2-22　数量展示

（8）专家代表。专家代表就是找特定群体来展示产品优点，有 3 种常见的模式。一是老板代表，脚本围绕员工采访品牌老板、产品开发负责人等展开，由这些代表说出产品的特点、使用的感受等；二是行业代表，设计脚本时可以找一些行业的专家、意见领袖，站在专业、权威的角度评测产品，分享使用感受；三是用户代表，设计脚本时可以随机找用户测评，邀请用户挑战、用户分享实际感受等。例如，抖音中就有一些服装达人，其短视频内容多为找用户试穿各种服饰，通过试穿前后效果的不同来突出服饰的美，这就是用户代表的典型案例。

## 任务实施

### 任务演练 1：撰写破壁机短视频的提纲脚本

【任务目标】

根据选定的选题和设计的内容，撰写破壁机短视频的提纲脚本，充分发挥创作能力，完善提纲脚本内容，将其作为备选脚本。

【任务要求】

本次任务的具体要求如表 2-8 所示。

表 2-8                         任务要求

| 任务编号 | 任务名称 | 任务指导 |
|---|---|---|
| （1） | 确定短视频内容 | ① 确认短视频的主题<br>② 确定短视频的主要内容 |
| （2） | 撰写脚本 | ① 确定提纲脚本的主要项目<br>② 根据项目撰写脚本，并完善各项目内容 |

【操作过程】

**1. 确定短视频内容**

根据短视频脚本的写作思路，先确定短视频的主题和主要内容，具体操作如下。

（1）确认短视频的主题。本短视频需要介绍新款破壁机的外观、功能等卖点，那么可以直接将短视频主题确定为"新款破壁机介绍"。

（2）确定短视频的主要内容。根据内容结构，破壁机短视频的主要内容包括外观展示、功能展示和食物制作 3 个部分，那么可以直接围绕这 3 个部分设计提纲脚本。至于字幕和背景音乐，可以不写入提纲脚本中。

**2. 撰写脚本**

根据脚本的类型确定写作的主要项目，然后根据项目写作具体的内容，具体操作如下。

（1）确定提纲脚本的主要项目。提纲脚本通常有提纲要点和要点内容两个项目，这里沿用这两个项目。

（2）根据项目撰写脚本，并完善各项目内容。破壁机短视频的提纲脚本如表 2-9 所示。

表 2-9　　　　　　　　　　　　　　破壁机短视频的提纲脚本

| 提纲要点 | 要点内容 |
|---|---|
| 主题 | 新款破壁机介绍 |
| 外观展示 | ① 拍摄破壁机外观的视频画面（中景镜头为主，有环拍镜头），破壁机放置在厨房场景中的桌面上，上面有一些水果和蔬菜，然后女演员将制作食物的食材拿来放在破壁机旁边<br>② 拍摄触按屏幕的视频画面（环拍近景镜头为主）<br>③ 拍摄玻璃杯的视频画面（环拍近景镜头为主）<br>④ 拍摄破壁机使用和清洗完成后的视频画面（中景镜头为主，有环拍镜头），旁边是制作好的食物 |
| 功能展示 | ① 拍摄 12 小时智能预约的视频画面（近景镜头为主），女演员手指操作设置 12 小时预约，时钟上时间变化，直到预约时间到<br>② 拍摄 11 大智能程序的视频画面（近景镜头为主），展示智能程序制作的饮品（颜色不同）<br>③ 拍摄一键自动清洗的视频画面（近景镜头为主），女演员手指操作启动，玻璃杯中开始清洗 |
| 食物制作 | ① 拍摄制作豆浆的视频画面（近景镜头为主），女演员将黄豆倒入玻璃杯，然后在玻璃杯中加入水；接着俯视拍摄制作过程，展示黄豆从粒粒分明的黄豆逐渐变为豆渣，最后变为豆浆的过程，最后将玻璃杯中的豆浆倒入杯子中<br>② 拍摄制作其他食物的视频画面（近景镜头为主），展示将制作好的鲜榨果蔬奶昔倒入杯子中，奶昔装满杯子的画面，然后是五谷杂粮米糊装满小碗、玉米汁装满杯子的画面（环拍镜头） |

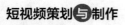
**任务实施**

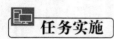**任务演练 2：撰写破壁机短视频的分镜头脚本**

**【任务目标】**

根据前面设计好的内容，撰写破壁机短视频的分镜头脚本，详细规划和设计短视频拍摄的内容。这里的分镜头脚本可以作为拍摄和剪辑的首选方案，为摄像和剪辑提供流程上和操作上的指导。

**【任务要求】**

本次任务的具体要求如表 2-10 所示。

表 2-10　　　　　　　　　　　　　　　　任务要求

| 任务编号 | 任务名称 | 任务指导 |
|---|---|---|
| （1） | 确定分镜头脚本的主要项目 | ① 确认好镜号、景别、拍摄方式等项目组成<br>② 根据项目制作表格 |
| （2） | 撰写脚本 | ① 明确各项目内容<br>② 将确定好的项目内容填充到脚本中 |

**【操作过程】**

分镜头脚本与提纲脚本描述的对象同为破壁机短视频，那么短视频的主题同样为"新款破壁机介绍"，主要内容同样为外观展示、功能展示、食物制作。分镜头脚本比提纲脚本的内容更加详细，需要加入字幕、背景音乐等内容。这里先确定分镜头脚本的主要项目，然后根据项目写作具体的脚本内容，具体操作如下。

（1）确定分镜头脚本的主要项目。分镜头脚本的主要项目包括镜号、景别、拍摄方式、画面内容、字幕、背景音乐和时长等。这里将根据这几个主要项目撰写分镜头脚本。

（2）撰写脚本。细化各项目的内容后将其填充到分镜头脚本中，如表2-11所示。

表 2-11　　　　　　　　　　破壁机短视频的分镜头脚本

| 镜号 | 景别 | 拍摄方式 | 画面内容 | 字幕 | 背景音乐 | 时长 |
|---|---|---|---|---|---|---|
| 1 | 中景 | 环拍镜头（破壁机在中间位置） | 厨房桌上放着破壁机（还有一些水果和蔬菜），女演员端着一个大盘子（里面有几个瓶子或罐子，装着五谷杂粮等食材）走过来，把盘子放在破壁机旁边 | ××2023款高速破壁机<br>一机多能<br>味蕾时刻尝鲜 | | 2秒 |
| 2 | 近景 | 环拍镜头，10°俯视 | 控制屏幕 | 触按大屏幕<br>清晰明了好操作 | | 2秒 |
| 3 | 近景 | 环拍镜头 | 玻璃杯 | 高硼硅玻璃杯<br>耐冷耐热　不易爆裂 | | 2秒 |
| 4 | 近景 | 固定镜头 | 女演员手指在控制屏幕中按键，设置预约时间为12小时 | 12小时智能预约<br>让你每天多睡片刻 | | 3秒 |
| 5 | 近景 | 固定镜头 | 时钟跳到整点（机械时钟或数字都可以，但一定要有时间变化） | | | 1秒 |
| 6 | 近景 | 升降镜头 | 从控制屏幕上升到玻璃杯，杯中饮品已经制作好 | | 轻快音乐 | 2秒 |
| 7 | 特写 | 固定镜头，侧面拍摄 | 控制面板上的智能程序名称 | 11大智能程序<br>料理达人时刻在线 | | 2秒 |
| 8 | 中景 | 多画面 | 将画面一分为四，每个画面都是制作好的饮品装在玻璃杯中（颜色应该不同） | | | 2秒 |
| 9 | 特写 | 固定镜头 | 女演员手指在控制屏幕中按"自动清洗"键 | 一键自动清洗<br>轻松易洁不脏手 | | 1秒 |
| 10 | 近景 | 固定镜头（一种特殊转场） | 玻璃杯中开始自动清洁 | | | 2秒 |
| 11 | 近景 | 摇镜头（从上向下） | 女演员将碗里的黄豆倒入玻璃杯中（慢镜头） | | | 2秒 |
| 12 | 特写 | 固定镜头 | 玻璃杯中加入水（慢镜头） | | | 2秒 |
| 13 | 特写 | 固定镜头，俯视镜头（慢镜头） | 杯中黄豆开始旋转 | | | 1秒 |
| 14 | | | 黄豆变渣，旋转，水变白 | | | 1秒 |
| 15 | | | 变豆浆，旋转 | | | 1秒 |

续表

| 镜号 | 景别 | 拍摄方式 | 画面内容 | 字幕 | 背景音乐 | 时长 |
|---|---|---|---|---|---|---|
| 16 | 近景 | 摇镜头（从上向下） | 将玻璃杯中制作好的豆浆倒入杯子中（慢镜头） | 早起一杯浓香豆浆<br>治愈你的起床气 | | 2 秒 |
| 17 | 近景 | 固定镜头 | 将玻璃杯中制作好的奶昔倒入杯子中 | 鲜榨果蔬奶昔<br>3 分钟速制低脂代餐 | | 1 秒 |
| 18 | 特写 | 环拍镜头，10° 俯视 | 奶昔倒入杯子中 | | 轻快音乐 | 2 秒 |
| 19 | 近景 | 环拍镜头，45° 俯视 | 碗中有制作好的米糊 | 五谷杂粮米糊<br>满满一碗养足精气神 | | 2 秒 |
| 20 | 近景 | 固定镜头 | 女演员将一个装饰品放在制作好的玉米汁上 | 浓郁玉米汁<br>一口香甜顺滑到"胃" | | 3 秒 |
| 21 | 近景转中景 | 拉镜头 | 破壁机完成工作并清洗干净后放置在桌子上，周围都是制作好的食物 | | | 6 秒 |

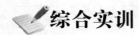

# 综合实训

### 实训一　设计办公椅安装短视频的内容

**实训目的：**掌握确定短视频选题和设计短视频内容的方法。

**实训要求：**为某品牌办公椅设计展示安装操作的短视频内容，短视频应该简单明了且不使用文字描述，用户能够轻松看懂并根据短视频中的操作指导自行完成办公椅的安装。

**实训思路：**具体操作思路可参考图 2-23。

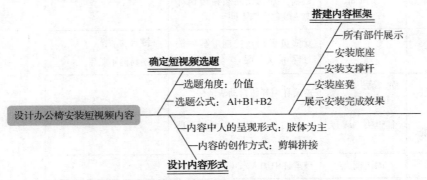

图 2-23　设计办公椅安装短视频内容的思路

**实训结果：**本次实训的短视频内容参考效果如图 2-24 所示。

图 2-24　实训参考效果

## 实训二　撰写连衣裙短视频的分镜头脚本

**实训目的：** 为连衣裙撰写短视频分镜头脚本，进一步巩固撰写短视频脚本的相关知识。

**实训要求：** 某网店推出了一款连衣裙，需要拍摄放置在产品详情页主图位置的短视频，短视频主要是通过演员真人出镜来充分展现连衣裙的上身效果，在室外拍摄，不需要展示连衣裙的材质、用料等细节。拍摄前需要撰写短视频的分镜头脚本，脚本中应该包括镜号、景别、拍摄方式、场景、画面内容、背景音乐、时长等内容。

**实训思路：** 本次实训涉及确定短视频主题、确定短视频的主要内容、确定分镜头脚本的主要项目和撰写脚本等操作，具体操作思路可参考图 2-25。

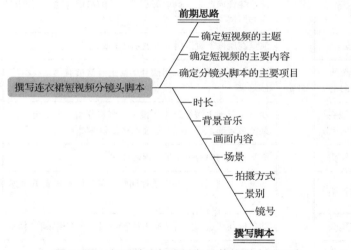

图 2-25　撰写连衣裙短视频分镜头脚本的思路

**实训结果：** 本次实训完成后的分镜头脚本如表 2-12 所示。

表 2-12　　　　　　　　　　　　连衣裙短视频的分镜头脚本

| 镜号 | 景别 | 拍摄方式 | 场景 | 画面内容 | 背景音乐 | 时长 |
|---|---|---|---|---|---|---|
| 1 | 近景 | 摇镜头（从上向下） | 内景 | 演员身着连衣裙随着音乐左右轻微摇摆，镜头从演员肩部开始向下，一直到演员脚部，连衣裙随演员的摇摆也轻微摆动（体现连衣裙的质感） | 快乐、甜蜜或者轻松的音乐 | 2秒 |

| 镜号 | 景别 | 拍摄方式 | 场景 | 画面内容 | 背景音乐 | 时长 |
|---|---|---|---|---|---|---|
| 2 | 特写 | 固定镜头 | 内景 | 演员侧面肩部连衣裙的缝线和碎花装饰的边缘，演员轻微转身，展示连衣裙正面和后面的碎花装饰 | 快乐、甜蜜或者轻松的音乐 | 1 秒 |
| 3 | 特写 | 固定镜头 | | 演员手部连衣裙的袖口 | | 1 秒 |
| 4 | 特写 | 摇镜头（从下向上） | | 演员腰部到肩部，展示连衣裙的腰带和领口的做工 | | 2 秒 |
| 5 | 特写 | 固定镜头 | | 演员斜靠墙，连衣裙摆轻轻摇动 | | 1 秒 |
| 6 | 中景 | 固定镜头 | | 演员背对镜头，侧头看向远处，展示连衣裙背面 | | 2 秒 |
| 7 | 特写 | 固定镜头 | | 连衣裙的背部拉链 | | 1 秒 |
| 8 | 全景 | 固定镜头 | 外景 | 演员在树下转圈，展示整个连衣裙的全貌和上身效果 | | 2 秒 |
| 9 | 中景 | 推镜头 | | 演员继续转圈，用双手稍微提起裙摆 | | 3 秒 |
| 10 | 中景 | 拉镜头 | | 演员悠闲地在屋檐下行走，用双手稍稍提起裙摆 | | 2 秒 |
| 11 | 近景 | 跟镜头 | | 演员继续向前走，画面为连衣裙的下半部分 | | 3 秒 |
| 12 | 近景 | 跟镜头 | | 演员缓慢向前走，画面展示连衣裙的裙摆，随着演员的走动而摆动 | | 3 秒 |
| 13 | 全景 | 跟镜头 | | 演员在屋檐下缓慢后退，展示连衣裙的质感 | | 2 秒 |
| 14 | 中景 | 升降镜头（从下向上） | | 演员坐在屋檐下，从裙摆开始向上到演员肩部，展示整体效果 | | 3 秒 |
| 15 | 近景 | 升降镜头（从下向上） | | 演员在草地上缓慢行走，镜头从脚步开始，由下至上，到演员肩部，近距离展示连衣裙的整体效果 | | 3 秒 |
| 16 | 全景 | 固定镜头 | | 演员从屋内向镜头走来，速度较快 | | 2 秒 |
| 17 | 近景 | 固定镜头 | | 演员坐在椅子上，头慢慢往回转，镜头展示连衣裙的背部效果 | | 3 秒 |
| 18 | 中景 | 固定镜头 | | 演员倚在桌边，然后站起来旋转半周，连衣裙跟着摆动 | | 3 秒 |
| 19 | 中景 | 固定镜头 | | 演员坐在椅子上，双手放在桌上，微笑着正视前方 | | 2 秒 |
| 20 | 全景 | 推镜头 | | 演员在屋檐下慢慢转圈 | | 3 秒 |

# 巩固提高

1. 简述短视频的策划流程。

2. 短视频的选题角度有哪些？

3. 短视频内容的创作方式有哪些？

4. 举例说明短视频内容的诱因。

5. 常用的短视频脚本有哪几种?

6. 简述短视频脚本的写作思路。

7. 撰写戚风蛋糕制作教程的短视频提纲脚本。

8. 某网店要在店铺首页放置一条轻便减震、粉色软底、网面透气的夏季女式跑步鞋的展示短视频,发挥创意,撰写突出其与普通运动鞋不同之处的短视频分镜头脚本。

# 短视频拍摄基础

## 学习目标

**【知识目标】**

1. 熟悉短视频拍摄的专业术语，清楚常用的短视频拍摄设备和辅助设备，掌握场景的布置方法。

2. 熟悉短视频拍摄常用的 App，掌握手机原相机的各种基础设置和特殊拍摄设置方法。

**【技能目标】**

1. 能够根据拍摄需要选择短视频拍摄设备并熟练使用，能够做好场景布置。

2. 掌握使用手机拍摄短视频的方法，能够使用手机拍摄出特殊效果。

**【素养目标】**

在学习上不但要注重专业知识技能，更要与时俱进，紧跟技术和社会发展的步伐。培养实事求是的学习和工作态度，以及精益求精的工匠精神。

## 项目导读

商家为展示产品卖点或宣传品牌，通常会在多种推广渠道、多个短视频平台发布与产品或品牌相关的短视频，这些短视频通常可以通过手机来拍摄。某网店最近需要为两款新推出的智能产品拍摄短视频，一条是投影机展示短视频，用于在产品详情页中展示产品信息，另一条是智能台灯展示短视频，用于展示产品的使用方法，吸引用户点击。该网店与荣邦公司合作，提供产品样品和资料，再由荣邦公司的电子商务部门负责拍摄短视频。老李在认真考量了成本和价值后，决定将这两条短视频的拍摄任务都交给小赵。小赵按照老李的要求，准备先做好拍摄前的准备工作，再使用手机拍摄。

# 任务一　做好拍摄前的准备工作

### 任务描述

小赵在正式拍摄这两款智能产品前，需要针对每一款产品做一些准备工作，明确拍摄的设备并进行场景的布置。为此，小赵根据具体工作填写了任务单（见表3-1），并按照任务单执行操作。

表 3-1　　　　　　　　　　　　　　　　　　　　任务单

| 任务名称 | 为两条产品短视频的拍摄做准备工作 | |
|---|---|---|
| 任务背景 | 网店推出了投影机和智能台灯两款新品，为了向用户展示产品的外观和主要卖点，需要为这两款新品拍摄短视频，而投影机与智能台灯的卖点不同（投影机便携、智能台灯可智能调节亮度），展示方式也不同，因此需要在拍摄前准备对应的拍摄设备和辅助设备，布置对应的场景 | |
| 任务类别 | □理论学习　　　□内容策划　　　■视频拍摄　　　□技巧应用　　　□视频剪辑　　　□运营推广 | |
| **工作任务** | | |
| 任务内容 | 任务说明 | |
| 任务演练 1：为投影机展示短视频准备拍摄设备、辅助设备和场景 | 【拍摄对象】投影机、智能台灯 | |
| 任务演练 2：为智能台灯展示短视频准备拍摄设备、辅助设备和场景 | 【视频类型】产品展示类<br>【准备工作】准备拍摄设备和辅助设备、布置场景 | |

任务总结：

## 一、短视频拍摄的专业术语

短视频拍摄涉及一些比较专业的名词术语，了解这些专业术语的基本意思有助于更好地进行短视频拍摄。

（1）时长。时长是指短视频的时间长度，单位时长有秒、分和小时等。

（2）帧。帧是影像动画中最小单位的单幅影像画面，一帧就是一幅静止的画面，连续的帧就形成动画。

（3）帧速率。帧速率是指每秒播放的图片帧数，也称帧率，单位为 f/s，视频画面的帧速率一般不小于 8f/s，电影的帧速率是 24f/s，短视频的帧速率通常不低于 24f/s。

（4）宽高比。宽高比也被称为长宽比、像素比或画面比例，通常是指短视频画面宽度和高度的比例，主要有 9∶16（竖屏）、16∶9（横屏）、1∶1、4∶3、2∶1 等，如图 3-1 所示。其中，抖音短视频的宽高比以 9∶16 为主。

（5）分辨率与像素。图像分辨率通常用帧的宽和高的像素数量表示，帧的尺寸越大，视频画面也越大，像素数量也越多。像素是数字图像中的单元点，在帧尺寸一定的情况下，像素越多视频画面越清晰。例如，现在主流的短视频分辨率是 1 920 像素×1 080 像素，指的是帧的宽有 1 920 个像素，高有 1 080 个像素，这样就可以计算出短视频一帧视频画面中包含 1 920×1 080=207.36 万个像素。

（6）镜头。镜头有两种意思：一是指拍摄设备生成影像的光学部件，在日常拍摄中根据拍摄距离和面积可以分为广角镜头（拍摄距离远、面积大的对象画面）和微距镜头（拍摄距离近、面积小的对象画面）等类型；二是指从开机到关机所拍摄下来的一段连续的视频画面，或某条短视频的两个剪辑点之间的片段，也叫一个镜头。

图 3-1　短视频的宽高比

（7）对焦。对焦也称为对光、聚焦，是指通过拍摄设备的对焦组件变动镜头焦点的位置，使拍摄对象成像清晰的过程。使用手机等拍摄设备拍摄短视频时，通常有自动对焦、手动对焦和多重对焦等方式。

 提示

　　使用手机拍摄短视频时，在拍摄界面中点击需要对焦的对象，就可以实现手动对焦。

（8）快门。快门是拍摄设备上用以控制曝光的重要装置，在拍摄时开启以允许光线进入，可使底片接受曝光。

（9）快门速度。快门速度通常是指拍摄设备的快门开合一次所需要的时间。拍摄短视频通常会将快门速度设定为帧速率的两倍。例如，帧速率设定值为 24f/s 或 25f/s，快门速度的设定值最好为 50f/s。通常快门速度越快，运动的拍摄对象就会在底片上呈现更清晰的影像，反之，快门速度越慢，运动的拍摄对象的影像就越模糊。

（10）感光元件。感光元件是一种将光学图像转换成电子信号的装置，主要功能是将从镜头射入的光线传送到取景器。感光元件是拍摄设备成像的核心部件，感光元件的好坏与拍摄设备的品质成正比关系。

（11）光圈。光圈是一个控制光线照射感光元件进光量的装置，光圈开得越大，拍摄设备的进光量就越多，反之则少。光圈大小通常用 F 值表示，在进行短视频拍摄时，F 值越小，光圈开得越大，短视频画面中远处的背景就会模糊虚化；F 值越大，光圈开得越小，短视频画面中远处的背景就会比较清晰。

（12）感光度。感光度通常用 ISO 值表示，是一种衡量拍摄设备对光灵敏程度的数值。通常在光线不足的环境中拍摄短视频时，适当调高感光度能让短视频画面变得较为清晰。但需要注意的是，调高感光度的同时，短视频画面中产生的噪点（不该出现的像素）就越多，画质也越差。

（13）曝光。曝光是指在拍摄过程中照射在感光元件上的光量，由光圈、快门速度、感光度共同控制。较高的曝光量表示视频画面较亮，视频画面太亮被称为过度曝光，而视频画面较暗被称为曝光不足。手机拍摄短视频通常会自动曝光，进行手动对焦则可以调整曝光。

**素养小课堂**

实际拍摄短视频前，内容创作者应具备扎实的拍摄理论知识，并不断学习和累积知识。知识是创新发展、突破个人成长瓶颈的基础，是完善自我，提高个人素质的客观要求。在日常生活和工作中多学习，养成自主学习的习惯才能促使自己不断进步。

## 二、拍摄设备

能够拍摄动态画面的设备都能够拍摄短视频，以手机和相机为主。但短视频的种类较多，拍摄一些特别的短视频画面时可能用到一些特殊的拍摄设备，例如，拍摄广告宣传短视频时可能用到摄像机，拍摄风景短视频时可能用到无人机等。

### （一）手机

手机在日常生活中几乎无处不在，人们可以直接使用手机拍摄短视频，如图 3-2 所示，也可以将拍摄的短视频通过手机发布到网上，非常方便。人们还可以通过手机中的短视频 App 拍摄短视频，通过设置滤镜等，提升短视频画面的视觉效果。

图 3-2　使用手机拍摄短视频

#### 1. 手机拍摄短视频的优势

手机作为常用的拍摄设备，在拍摄短视频时有以下 6 点优势。

（1）拍摄方便。人们在日常生活中随时随地都会携带手机，这就意味着只要看到有趣的、美丽的风景或事物，就可以使用手机随时捕捉和拍摄。一个精彩的瞬间可能稍纵即逝，一些有趣的画面、优美的风景或者突然发生的新闻事件，不会给人们时间提前做好拍摄准备，此时便捷的手机就成了不错的选择。

（2）操作智能。无论是使用手机还是短视频 App 拍摄短视频，其操作都非常智能化，只需要点击相应的按钮即可开始拍摄，拍摄完成后手机会自动将拍摄的短视频保存到默认的视频文件夹中。

（3）编辑便捷。手机拍摄的短视频直接存储在手机中，可以直接通过相关 App 来进行后期编辑，编辑好后可以直接发布。而其他如相机和摄像机拍摄的短视频则需要先传输到计算机中，通过计算机中的剪辑软件处理后，再发布到网上。

（4）互动性强。手机具备非常强的互动性，这点也是其他拍摄设备所不具备的。手机能够进行多窗口设置，一个窗口显示拍摄画面的同时可以在另一个窗口进行实时信息交流。

（5）美化功能强。很多手机自带美化工具，能够在拍摄短视频的同时美化短视频画面。而且，手机也可以通过安装 App 的方式满足拍摄短视频时的美颜、滤镜等美化需求。这些功能都是使用相机拍摄短视频时无法实现的。

（6）续航能力强。目前大部分手机的电池支持多个小时的视频拍摄，如果连接上移动电源，将拥有更长的续航时间。这也是通过更换电池增强续航能力的相机无法比拟的。

### 2. 手机拍摄短视频的短板

相对于相机和摄像机等拍摄设备，手机在感光元件尺寸、防抖和降噪等方面的表现不如它们，需要进一步加强。

（1）感光元件尺寸。很多手机拍摄的短视频画面质量无法与相机相比，其本质是手机感光元件不够大，由于手机机身纤薄，所以无法容纳太大尺寸的感光元件，而感光元件尺寸越大意味着在拍摄时能接收到的光线越多，拍摄的短视频画面质量就会更好。图 3-3 所示为 3 款不同尺寸的手机感光元件，左边的一款拍摄的短视频画面质量更好。

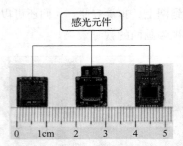

图 3-3　3 款不同尺寸的手机感光元件

（2）防抖。使用手机拍摄短视频过程中容易出现抖动导致成像效果不好的情况，所以，要选择具备防抖功能的手机进行拍摄。防抖功能过去常用在相机和摄像机中，其主要作用是避免或者减少捕捉光学信号过程中出现的设备抖动，从而提高成像质量。防抖又分为光学防抖和电子防抖两种类型，由于电子防抖是通过降低画面质量来补偿抖动的技术，所以其成像质量不如光学防抖。目前，手机具备的光学防抖功能通常应用在拍摄照片上，还无法应用在拍摄短视频上，所以，就短视频拍摄而言，在防抖方面，手机还达不到相机和摄像机的水平。

（3）降噪。降噪是指减少短视频画面中的噪点，噪点过多会让短视频画面看起来有些混乱、模糊和粗糙，没办法突出拍摄重点，影响短视频的成像效果。通常相机可以通过调大光圈的方式来降噪，而大部分手机的光圈是不能调整的。所以，使用手机拍摄短视频时，就只能通过手动调低感光度，或者通过后期剪辑的方式实现降噪，效果与相机有差距。

## （二）相机

相机也是一种常用的短视频拍摄设备，除了能拍摄出各种漂亮的照片外，也能拍摄出媲美摄像机的短视频画面。相机的主要优点在于能够通过镜头更加精确地取景，拍摄出来的短视频画面与实际看到的影像几乎是一致的。

### 1. 相机的类型

拍摄短视频使用的相机主要有微单相机、单反相机和运动相机 3 种类型。

（1）微单相机。微单相机（Mini SLR camera，微型单反相机）的全称是微型可换镜头式单镜头数码相机，也被称为无反相机，如图 3-4 所示。微单相机采用电子取景结构，机身内部没有反光板和五棱镜。

（2）单反相机。单反是指单镜头反光（Single Lens Reflex，简称 SLR），这是一种取景方式。单反相机的全称是单镜头反光式取景照相机，是指用单镜头，并且光线通过此镜头照射到反光镜上，通过反光取景的相机，如图 3-5 所示。单反相机采用光学取景结构，机身内部有反光板和五棱镜。

图 3-4　微单相机

图 3-5　单反相机

（3）运动相机。运动相机是一种专门用于记录运动画面的相机，特别是体育运动和极限运动，具有便携、防水、防尘、防摔、防抖、超广角和超焦距等性能特点，也常用于短视频拍摄，如图 3-6 所示。

图 3-6　运动相机

### 2. 相机拍摄短视频的优势

相机拍摄短视频的优势主要在于高画质和丰富的镜头选择。相机拍摄的短视频画面质量通常比手机好，而且相机可以拆卸和更换镜头，不同的镜头拍摄的短视频画面，其视觉效果不同。

（1）高画质。短视频的成像质量主要取决于感光元件，而目前主流的微单相机和单反相机的感光元件尺寸比手机的大。表现在成像质量上，大尺寸的感光元件能够带来更大分辨率的短视频画面，能够记录下更多的画面细节，所以，成像质量也就更好，当然短视频文件的数据量也会相对更大。

（2）丰富的镜头选择。相机能够选择并更换多种镜头，从而拍摄出具有不同特点的短视频画面。例如，使用长焦镜头能够拍摄更远的画面，在画面中能够实现压缩空间的效果，使得拍摄对象近大远小的透视关系不那么明显；而使用广角镜头则能够拍摄更广阔的画面，从而使透视关系更加明显，使近处的物体被放大，远处的物体被缩小，增强画面的纵深感，如图 3-7 所示；使用微距镜头则能够拍摄各种物体的细节或者放大一些细小的物体，能够通过高清晰度的画面再现拍摄对象的质感，带给用户一种视觉上的震撼，如图 3-8 所示。

图 3-7　使用广角镜头拍摄的床上用品　　　图 3-8　使用微距镜头拍摄的水果

### （三）摄像机

摄像机是专业的视频拍摄设备。通常商家制作宣传推广类的广告短视频时会使用摄像机。摄像机的类型较多，通常按照专业用途、成像品质进行分类，但用于短视频拍摄的摄像机主要有专业级摄像机和家用摄像机两种。

（1）专业级摄像机。专业级摄像机多用于新闻采访、活动记录等方面。专业级摄像机通常具有舒服的横式手持握柄和腕带，可以提高手持稳定性，集成度很高，非常适合拍摄短视频，如图 3-9 所示。

（2）家用摄像机。家用摄像机是一种适合家庭使用的摄像机，这类摄像机体积小、重量轻，便于携带，操作简单，价格便宜，也可以用于拍摄短视频，如图 3-10 所示。

图 3-9　专业级摄像机　　　　　　图 3-10　家用摄像机

### （四）无人机

无人机摄影已经是一种比较成熟的拍摄手法。在涉及航拍、全景、俯瞰视角等镜头时，往往会使用无人机作为拍摄设备。无人机拍摄短视频具有影像清晰、视角独特等优点。无人机在操场、公路或其他较开阔的地面均可起飞降落，受场地限制较小。无人机拍摄稳定性较好，实现转场等非常容易。无人机拍摄的劣势主要是成本较高且存在一定的安全隐患。

无人机由机体和遥控器两部分组成。机体中带有摄像头或高性能摄像机，可以完成短视频拍摄任务；遥控器则主要负责控制机体飞行和摄像，有些自带屏幕，有些可以连接手机或平板电脑，实时监控并保存拍摄的短视频，如图 3-11 所示。

图 3-11　无人机

---

🔍 **素养小课堂**

手机等拍摄设备只是拍摄短视频的工具，并不能对短视频的质量产生决定性的影响。真正重要的仍然是短视频的内容，内容创作者应该坚持以人民为中心的创作方向，将主流价值观内容与平民化叙事视角结合起来，创作出贴近人民生活、宣扬社会正能量的短视频内容。

---

## 三、辅助设备

辅助设备主要用于辅助短视频的拍摄，起到稳定、收音、补光等作用。常用的辅助设备包括自拍杆、脚架、稳定器、外接镜头、补光灯、话筒等。

### （一）自拍杆

自拍杆其实就是一根配置了蓝牙设备、固定支架的可伸缩杆，安装上一部手机后就可以承担起拍摄影像的工作，如图 3-12 所示。自拍杆的顶部有一个能够大范围伸缩的支架，用于固定和旋转手机。使用手机拍摄短视频时，受到手的限制，能拍摄到的运动镜头比较有限。使用自拍杆辅助拍摄，可以自由调节拍摄角度，会在一定程度上扩大拍摄范围。

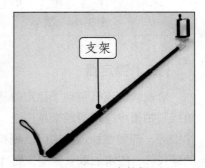

图 3-12　自拍杆

### （二）脚架

脚架是一种用来稳定拍摄设备的支撑架，以达到某些拍摄效果或保证拍摄的稳定性。常见的脚架主要有独脚架和三脚架两种，如图 3-13 所示。

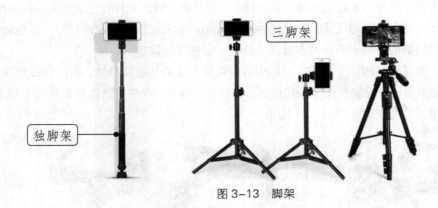

图 3-13　脚架

拍摄短视频时，大部分场景中两种脚架可以通用。独脚架便携且使用灵活，甚至可以作为登山杖使用，非常适合在野外拍摄时使用，也可以在音乐会、新闻报道现场等场地空间有限、无法安放三脚架的场景中使用。而在拍摄对稳定性要求较高的场景时，以及拍摄夜景或者带运动轨迹的短视频画面时，如拍摄产品展示类、场景测试类短视频，就更适合使用稳定性更强的三脚架。

---

**知识拓展**

脚架主要用于固定机位的短视频拍摄，手机可以通过专门的支架（也称手机夹）固定在脚架顶部，如图 3-14 所示。多角度拍摄时，则需要在脚架顶部装备可水平和垂直调节的云台，甚至可以自由调节角度的 360° 旋转云台，如图 3-15 所示。

图 3-14　支架

图 3-15　360° 旋转云台

---

## （三）稳定器

短视频的流行带动了稳定器从专业化的拍摄辅助设备向平民化转变，特别是电子稳定器，在短视频拍摄中应用得越来越广泛。很多短视频的移动镜头拍摄中，如前后移动、上下移动和旋转拍摄等，都需要稳定器来保证短视频画面的稳定。短视频拍摄中常见的稳定器通常自带一定长度的延长杆，能增加取景范围，而且可以通过手柄实现自拍、竖拍、延时、智能追踪，360° 旋转等多种功能，能大幅提高短视频拍摄的效率。稳定器主要有手机稳定器和相机稳定器两种类型，如图 3-16 所示。

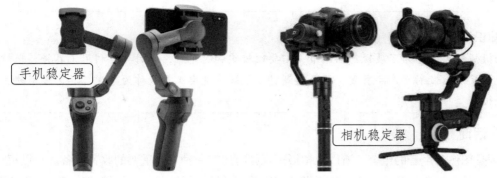

图 3-16　稳定器

稳定器的承载能力是选择稳定器的重要考虑因素。相对来说，手机稳定器的承载能力不如相机稳定器，但手机稳定器的功能较多，且轻巧便携，能够快速收纳和拆装。

### （四）外接镜头

外接镜头是安装在手机摄像镜头上的不同功能的外接镜头，可以弥补手机原生镜头取景范围、对焦距离等方面的不足，辅助手机拍摄出清晰度高和品质高的画面。手机的外接镜头主要有长焦镜头、广角镜头、增距镜头、微距镜头、鱼眼镜头、电影镜头和人像镜头等多种类型，如图 3-17 所示。在拍摄短视频的过程中，常用的外接镜头主要有人像镜头、微距镜头和电影镜头。

专业广角镜头+专业微距+专业鱼眼+专业长焦+电影镜头+专业人像

图 3-17　外接镜头

### （五）补光灯

补光灯也被称为摄像补光灯，其主要作用是在缺乏光线条件的情况下为拍摄过程提供辅助光线，以得到符合要求的短视频画面。补光灯大多使用 LED 灯泡，具有光效率高、寿命长、抗震能力强和节能环保等特性。补光灯通常采用脚架固定位置，或者直接安装在手机上随时为拍摄对象补充光线。短视频拍摄过程中常用的补光灯主要有平面补光灯与环形补光灯两种类型，如图 3-18 所示。

在室内拍摄短视频通常需要补充自然光，因此可以优先选择平面补光灯来模拟太阳光对拍摄对象进行补光。如果要拍摄人脸近景或特写，或者在晚上拍摄，就可以选择环形补光灯，以弥补人物的肤色瑕疵，起到美颜效果。如果在拍摄过程中经常需要走动并调整拍摄角度或运镜，则需要使用便携式移动环形补光灯，如图 3-19 所示，将其直接安装在手机上，以便随时补光。

图 3-18　平面补光灯（左）和环形补光灯（右）

图 3-19　便携式移动环形补光灯

**知识拓展**

在拍摄短视频时，为了展现产品细节，需要比较柔和的光线，此时可以利用工具将补光灯发出的光线反射、散射至产品表面，从而达到补光效果，这类工具被称为柔光工具，常用的主要是反光板。

### （六）话筒

短视频是图像和声音的组合，所以在拍摄短视频时还有一种非常重要的收音设备。拍摄短视频常用的收声设备主要是话筒，通常拍摄设备都内置有话筒，但这些内置话筒的功能大多无法满足拍摄需求，因此，需要增加外置话筒。拍摄短视频时使用的话筒通常是无线话筒，主要由发射器和接收器两个部件组成，如图3-20所示。

（1）发射器。发射器主要用于向接收器发送收集到的声音，其体积小、重量轻，通常放置在人物的衣领或上衣口袋中，以无线方式捕捉人物对白，较为隐蔽，不影响整体画面。发射器通常内置话筒，但有些发射器可以外接领夹式话筒，如图3-21所示。

图3-20  无线话筒

图3-21  领夹式话筒

（2）接收器。接收器用于连接手机等拍摄设备，接收发射器收集和录制的声音，然后将其传输和保存到拍摄设备中。

 **知识拓展**

使用相机或摄像机拍摄短视频时，还可能用到指向性话筒，这种话筒通常直接连接拍摄设备收集和录制声音，如图3-22所示。另外，还可将指向性话筒安装在挑杆上，并外套防风罩（降低风噪和环境噪声）来获得更好的收音效果，如图3-23所示。

图3-22  指向性话筒

图3-23  将指向性话筒安装在挑杆上

## 四、场景布置

短视频拍摄离不开场景布置。一方面，场景可以传递出一定的信息，如人物背景、居住环境等，丰富短视频的内容表达；另一方面，恰当的场景布置可以烘托氛围，精准地传达内容主题，甚至引起用户的情感共鸣。所以，短视频拍摄前，还需要针对产品进行对应的场景布置。

目前短视频领域中十分常见也是较容易获得用户关注的场景有日常生活场景和工作、学习及交通场景两种类型。

### （一）日常生活场景

短视频中常见的日常生活场景包括居家住所、宿舍、健身房和室外等。

（1）居家住所。以居家住所作为场景拍摄的短视频，内容涉及日常生活用品、食品、家电等类目产品的展示和测试。居家住所场景布景方便，通常只要干净明亮即可。不过，不同房间场景中拍摄的内容可能不同。例如，在客厅拍摄的内容可以是家电使用、家居设计等；在卧室拍摄的内容可以是服装穿搭或日用品使用等；在厨房拍摄的内容则可以是厨具使用、食物制作等，如图3-24所示；在洗手间拍摄的内容可以是美妆、洗护产品使用等。

（2）宿舍。宿舍场景中适合拍摄数码产品、文教和生活用品、休闲食品、美妆护理产品和衣服鞋帽等年轻人常用的产品，这种场景的短视频能使学生群体或初入职场的年轻人产生较强的代入感，从而关注和选择产品。

（3）健身房。以健身房为场景拍摄的短视频内容主要是运动日常、健身教学等，适合健身、保健和运动类产品，如健身器材、运动装备和运动服饰等，如图3-25所示。

（4）室外。在室外场景中拍摄的短视频由于视野较为开阔，能够容纳很大的信息量，涉及的内容主要包括服装穿搭、户外装备展示等，如图3-26所示。

图3-24 厨房场景短视频

图3-25 健身房场景短视频

图3-26 室外场景短视频

### （二）工作、学习及交通场景

短视频中常见的工作、学习及交通场景包括办公室、课堂、工作场所和公共交通出行等。

（1）办公室。以办公室作为短视频的场景，可以给职场用户很强的代入感。办公室场景短视频中，适合展示美妆产品、职业服饰、办公用具和办公设备等，如图3-27所示。

（2）课堂。以课堂为场景的短视频主要针对包括学生在内的年轻群体，产品也以年轻人适用的为主，如数码产品、文教用品和衣服鞋帽等。

（3）工作场所。以工作场所为场景的短视频主要是让用户能够身临其境地感受到产品的针对性以及内容创作者的专业性，例如，在汽车 4S 店或汽车内拍摄汽车用品，在生鲜超市拍摄生鲜产品等，如图 3-28 所示。

（4）公共交通出行。公交、地铁等公共交通出行场景与大多数用户的日常生活密切相关，也是短视频拍摄的主要场景之一。这类场景可以展示衣服鞋帽、通勤工具和数码产品等，如图 3-29 所示。

图 3-27　办公室场景短视频　　图 3-28　工作场所短视频　　图 3-29　公共交通出行场景短视频

提示

　　产品展示类短视频旨在展示和推广产品，从拍摄效果、拍摄成本等多个方面综合考虑，以室内场景为主。

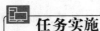**任务实施**

🐾**任务演练 1：为拍摄投影机展示短视频准备拍摄设备、辅助设备和场景**

【任务目标】

　　根据拍摄的成本、产品特点和短视频类型，准备对应的拍摄设备和辅助设备，并选择和设置拍摄场景，从而保证短视频的拍摄效果，让用户可以充分了解投影机的外观和播放效果。

【任务要求】

本次任务的具体要求如表 3-2 所示。

表 3-2　　　　　　　　　　　　　　　　任务要求

| 任务编号 | 任务名称 | 任务指导 |
| --- | --- | --- |
| （1） | 选择拍摄设备和辅助设备 | 根据拍摄的成本、脚本等，选择拍摄设备，并准备好相关的辅助设备 |
| （2） | 选择和布置场景 | 选择场景，然后布置好现场，为拍摄做好准备 |

【操作过程】

**1. 选择拍摄设备和辅助设备**

老李要求小赵将设备的成本控制在 5 000 元以内，并提供了准备好的分镜头脚本，如表 3-3

所示，要求小赵选择合适的拍摄设备和辅助设备，具体操作如下。

表 3-3　　　　　　　　　　投影机展示短视频的分镜头脚本

| 镜号 | 景别 | 拍摄方式 | 画面内容 | 时长 |
|---|---|---|---|---|
| 1 | 中景 | 固定镜头 | 投影机放在桌子上，斜正面对着镜头 | 2 秒 |
| 2 | 中景 | 移镜头（从右至左） | 投影机放在桌子上，另一个斜正面对着镜头 | 6 秒 |
| 3 | 特写 | 移镜头，俯视镜头 | 投影机上方的开关按钮 | 6 秒 |
| 4 | 近景 | 移镜头 | 投影机遥控器，放在桌子上 | 2 秒 |
| 5 | 特写 | 移镜头（从右至左） | 投影机背面的接口 | 6 秒 |
| 6 | 近景 | 移镜头 | 投影机斜正面（开机后） | 6 秒 |
| 7 | 近景转全景 | 移镜头 | 开机后的投影机背面，然后是投影播放效果 | 10 秒 |
| 8 | 全景转近景 | 移镜头（从右至左） | 投影播放效果，然后是开机后的投影机背面 | 10 秒 |

（1）选择拍摄设备。首先，拍摄设备包括微单相机、单反相机和手机，质量好一点的入门型相机的售价都不低于 5 000 元，加上辅助设备，无法控制成本。于是小赵将手机作为主要的拍摄设备，并选择了 3 个型号的手机作为备选，如表 3-4 所示。经过对比可以看出，P50 和 M13 的价格更符合成本要求，而在性能差别不大的情况下，P50 更具价格优势，可以将其作为拍摄设备。

表 3-4　　　　　　　　　　手机备选方案

| 编号 | 型号 | 售价 | 性能特点 |
|---|---|---|---|
| 1 | P50 | 3 758 元 | 5 000 万像素原色摄像头+1 300 万像素超广角摄像头+6 400 万像素长焦摄像头，支持 2.5cm 超级微距，支持 4K 短视频自拍 |
| 2 | i13 | 5 399 元 | 1 200 万像素超广角摄像头+1 200 万像素广角摄像头，支持 4K 短视频自拍 |
| 3 | M13 | 3 999 元 | 5 000 万像素原色摄像头+1 200 万像素广角摄像头+6 400 万像素长焦摄像头，支持 4K 短视频自拍 |

（2）选择稳定器。根据分镜头脚本的要求，拍摄中涉及多个移镜头，为了保证短视频画面的稳定，需要为手机配备稳定器，稳定器型号较多，但价格不贵，这里只需要选择一款与拍摄设备匹配且销量较好的手持稳定器即可。

（3）选择补光灯。短视频在室内拍摄，为了提升投影机在短视频画面中的呈现效果，小赵为拍摄对象准备了平面补光灯，以及手机可以外挂的便携式移动环形补光灯，都是网上商城中销量靠前的产品。

（4）生成设备方案。最后，小赵将所有设备的相关信息整理成设备方案，如表 3-5 所示。

表 3-5　　　　　　　　　　设备方案

| 类型 | 名称 | 型号 | 售价 | 数量 | 总价 |
|---|---|---|---|---|---|
| 拍摄设备 | 手机 | P50 | 3 758 元 | 1 个 | |
| 辅助设备 | 手持稳定器 | HL | 359 元 | 1 个 | 4 235.6 元 |
| | 平面补光灯 | CO13 | 105 元 | 1 个（带 2.1m 脚架） | |
| | 便携式移动环形补光灯 | FB（白） | 13.6 元 | 1 个 | |

### 2. 选择和布置场景

接下来选择场景，并布置场景，具体操作如下。

（1）选择场景。因为拍摄对象是一款便携家用的投影机，所以应该选择居家住所作为场景。

（2）布置场景。根据脚本，需要准备一张桌子和一面可以投影的白色墙壁，考虑到投影机颜色是白色，所以，桌子颜色选择木质本色，背景墙颜色为深色，并在墙角放置绿植以增加家居氛围，效果如图 3-30 所示。

图 3-30　场景布置效果

（3）生成场景布置计划。将所有场景布置的相关信息整理成计划表，如表 3-6 所示。

表 3-6　　　　　　　　　　　　　　场景布置计划

| 场地 | 风格 | 所需元素 | 元素特性 |
|---|---|---|---|
| 室内（模拟客厅） | 家居 | 墙 | 深色 |
| | | 木桌 | 茶几桌或书桌，长方形、木质，木质本色（浅胡桃色） |
| | | 绿植 | 南天竹、百合竹或幸福树 |

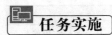

**任务实施**

🍳 **任务演练 2：为拍摄智能台灯展示短视频准备拍摄设备、辅助设备和场景**

【任务目标】

拍摄智能台灯展示短视频，要在有限的时间内向用户充分展示产品的核心卖点，并通过模特展示智能台灯的真实使用情况。

【任务要求】

本次任务的具体要求如表 3-7 所示。

表 3-7　　　　　　　　　　　　　　任务要求

| 任务编号 | 任务名称 | 任务指导 |
|---|---|---|
| （1） | 准备拍摄设备和辅助设备 | 根据脚本，衡量拍摄成本，选择拍摄设备，并准备好相关的辅助设备 |
| （2） | 选择和布置场景 | 根据产品的使用环境来选择场景，布置场景时多选择能够代表和体现场景特点的元素进行装饰，并选择一人担任模特 |

【操作过程】

### 1. 选择拍摄设备和辅助设备

根据表 3-8 所示的智能台灯展示短视频的分镜头脚本，选择拍摄设备和辅助设备，具体操作如下。

表 3-8　　　　　　　　　　　　智能台灯展示短视频的分镜头脚本

| 镜号 | 景别 | 拍摄方式 | 画面内容 | 时长 |
|---|---|---|---|---|
| 1 | 全景 | 固定镜头 | 模特在台灯下阅读 | 4 秒 |
| 2 | 中景 | 固定镜头 | 旋转按钮调节台灯灯光，展示调整亮度的方法和台灯的最大光照强度 | 5 秒 |
| 3 | 中景 | 固定镜头 | 旋转并闭合灯体，展示灯体的旋转幅度和顺滑度 | 6 秒 |
| 4 | 近景 | 摇镜头（从左向右） | 展示在台灯下书写的光线效果 | 6 秒 |
| 5 | 中景 | 固定镜头 | 用手机拍摄台灯，通过手机屏幕展示台灯并没有出现明显的频闪情况，然后将手机移开 | 3 秒 |
| 6 | 中景 | 固定镜头 | 利用手机 App 调整台灯亮度、光源颜色，以及开关台灯 | 30 秒 |
| 7 | 中景 | 固定镜头 | 手动开启台灯并调整亮度 | 5 秒 |
| 8 | 中景 | 摇镜头（从左向右） | 在台灯下书写 | 4 秒 |
| 9 | 近景 | 固定镜头 | 在台灯下使用笔记本电脑办公 | 3 秒 |
| 10 | 中景 | 摇镜头（从左向右） | 展示台灯及其照明下的笔记本电脑 | 2 秒 |

（1）选择拍摄设备。更换拍摄设备通常需同时更换配套的辅助设备，这里以节约拍摄成本为前提，继续使用上一个任务使用过的手机。

（2）选择辅助设备。根据分镜头脚本的内容，以固定镜头居多，有少量摇镜头，可以继续使用手持稳定器辅助拍摄。虽然在室内拍摄，但拍摄对象就是光源，可以只使用便携式移动环形补光灯。另外，涉及拍摄手机 App 的操作，还需要准备一台手机并安装台灯控制 App。

### 2. 选择和布置场景

接下来选择场景，并布置场景，具体操作如下。

（1）选择场景。从脚本中可以看出，场景以居家住所为主，主要是书房、卧室为主，并不涉及办公室或教室场景。

（2）布置场景。根据脚本，小赵选择布置一个简单的书房场景，场景中需要书桌、桌布、少量放置在桌面上的装饰品、一个书写过的笔记本、一支笔，一本图书、一台笔记本电脑和一台安装了台灯控制 App 的手机，效果如图 3-31 所示。

图 3-31　书房布景效果

（3）选择模特。选择一人担任模特，负责台灯操作和阅读、书写等。

（4）生成场景布置计划。将所有场景布置的相关信息整理成计划表，如表 3-9 所示。

表 3-9　　　　　　　　　　　　　　　　场景布置计划

| 场地 | 风格 | 所需元素 | 元素特性 |
|---|---|---|---|
| 室内（模拟书房） | 家居 | 书桌 | 长方形 |
| | | 桌布 | 浅色，方格图案 |
| | | 装饰品 | 3 个小巧的手办、一盆多肉 |
| | | 笔记本 | 使用过，有文字 |
| | | 笔 | 钢笔或签字笔 |
| | | 图书 | 16 开 |
| | | 笔记本电脑 | 14 寸 |
| | | 手机 | 智能手机，安装好智能台灯控制 App |
| | | 模特 | 女性 |

 技能练习

拟拍摄一条安踏飞织运动鞋的展示短视频，试着列出设备清单，并生成场景布置计划。

# 任务二　使用手机拍摄短视频

## 任务描述

小赵了解到，在使用手机拍摄短视频时，需要提前设置视频画面的宽高比、帧速率等，有时为了提升短视频画面的效果，还需要手动设置感光度、快门速度等参数。小赵根据具体参数设置填写了任务单（见表 3-10），并着手利用手机拍摄短视频。

表 3-10　　　　　　　　　　　　　　　　　任务单

| 任务名称 | 使用手机拍摄两条产品短视频 | |
|---|---|---|
| 任务背景 | 投影机投射的画面有一定的宽度，所以需要设置为横屏，为了更好地展示投影机的功能，需要手动设置手机的相关参数，提高短视频画面的清晰度。而智能台灯，只需要聚焦主要功能，向用户清楚地展示智能台灯的使用和控制情况即可 | |
| 任务类别 | □理论学习　　□内容策划　　■视频拍摄　　□技巧应用　　□视频剪辑　　□运营推广 | |
| **工作任务** | | |
| 任务内容 | 任务说明 | |
| 任务演练 1：拍摄投影机展示短视频 | 【拍摄软件】手机原相机<br>【屏幕方向】横屏<br>【设置参数】分辨率、帧速率、感光度、快门速度和测光 | |
| 任务演练 2：拍摄智能台灯展示短视频 | 【拍摄软件】手机原相机<br>【屏幕方向】竖屏<br>【设置参数】分辨率、帧速率、参考线 | |
| 任务总结： | | |

 知识准备

# 一、手机原相机基础设置

手机原相机是指手机中系统自带的相机 App，具备拍摄照片和视频的功能。拍摄短视频前，通常需要对手机原相机的拍摄参数进行一些基础设置，以推动拍摄的顺利进行。

## （一）分辨率和帧速率设置

分辨率和帧速率设置是手机原相机的基础设置之一，虽然不同系统和不同品牌的手机设置分辨率和帧速率的操作有所不同，但基本设置方法是一样的，主要可以通过手机的"设置"应用和相机 App 的拍摄界面进行设置。

（1）在手机桌面点击"设置"应用，打开"设置"界面，点击"相机"选项，在打开的"相机"界面中分别点击"视频分辨率""视频帧率"选项，在打开的界面中选择对应的数值，如图 3-32 所示。

（2）打开相机 App，选择视频拍摄界面，点击"设置"按钮，在打开的界面中选择分辨率和帧速率，如图 3-33 所示。

图 3-32　分别设置分辨率和帧速率

图 3-33　选择分辨率和帧速率

## （二）对焦和曝光设置

进入手机视频拍摄界面中，在手机屏幕中点击某区域即可对该区域进行手动对焦，并在右侧显示形似"太阳"的曝光标记，如图 3-34 所示，上下拖动该标记即可调整曝光度。另外，在手机的视频拍摄界面中长按屏幕 2 秒可以设置锁定自动对焦和自动曝光，如图 3-35 所示，这样手机在拍摄中就不会频繁改变对焦点和曝光度。

## （三）网格线设置

网格线也叫参考线，类似于电影画框。设置网格线后，短视频画面中将增加 4 根直线，将画面划分为 9 格，如图 3-36 所示。网络线能够辅助拍摄，帮助摄像判断拍摄对象是否处于水平或垂直状态，也能为构图起到辅助作用。

图 3-34　手动对焦　　　　　　　图 3-35　锁定自动对焦和自动曝光

## （四）其他设置

手机的品牌和型号不同，短视频的拍摄功能也就不同。一些可以进行专业拍摄的手机原相机还可以设置主题色彩、测光、感光度、快门速度、曝光补偿、对焦模式和白平衡等。

（1）主题色彩设置。手机原相机中内置有各种主题色彩，选择其中一种后，可以为拍摄的短视频画面应用该主题色彩样式，如图 3-37 所示。

图 3-36　网格线设置　　　　　　图 3-37　主题色彩设置

（2）测光设置（通常标记为"M"）。在一个场景中拍摄短视频时，场景各处的亮度不是完全一致的，这时就可以使用原相机自带的一项功能来测出各处的亮暗程度，这个功能就是测光。手机原相机的测光功能通常有矩阵测光▢（对短视频画面整体测光，适合拍摄自然风光等）、中央重点测光▣（重点对短视频画面中央区域测光，适合拍摄人像等）和点测光▫（对短视频画面中心较小的区域测光，如人的眼睛等）3种方式。

（3）感光度设置（通常标记为"ISO"）。在专业模式下点击感光度图标ISO，在弹出的调节区中滑动滑块即可调整手机原相机的感光度，如图3-38所示。通常，光线较弱时，可提高感光度；光线充足时，可降低感光度，避免画面出现过多噪点。

（4）快门速度设置（通常标记为"S"）。在专业模式下点击快门速度图标S，在弹出的调节区中滑动滑块即可调整手机原相机的快门速度。通常，拍摄静止的风景或人像时，可调低快门速度；拍摄运动的风景或人像时，可调高快门速度。

（5）曝光补偿设置（通常标记为"EV"）。曝光补偿就是通过调整曝光值来控制短视频画面清晰度的曝光控制方式。在专业模式下点击曝光补偿图标EV，在弹出的调节区中滑动滑块即可调整手机原相机的曝光补偿数值。通常，光线较弱时，可调高曝光补偿值；光线较强时，可调低曝光补偿值。

（6）对焦模式设置（通常标记为"AF"）。一些手机原相机具备单次自动对焦（标记为"AF-S"，适合拍摄静止的风景或人物等）、连续自动对焦（标记为"AF-C"，适合拍摄运动的风景或人物等）和手动对焦（标记为"MF"，与普通手动对焦的功能和操作一致）3种调节对焦的模式，如图3-39所示。

（7）白平衡设置（通常标记为"WB"）。白平衡常用于特定光照条件下短视频的拍摄，通过加强对应的补色来进行色彩补偿，保证画面的清晰。在专业模式下点击白平衡图标WB，在弹出的调节区中选择一种白平衡模式即可，常见的白平衡模式有自动AWB、白炽灯💡、荧光灯▦、日光☀和阴天☁等，如图3-40所示。

图3-38　设置感光度

图3-39　设置对焦模式

图3-40　设置白平衡

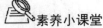素养小课堂

　　短视频的拍摄设置涉及多个参数、多种配置组合，认真学习、多多实践，将理论与实践相结合，才能提升个人拍摄短视频的技能，增强解决实际问题的能力。

## 二、短视频拍摄 App

　　除了原相机外，还可以通过具有摄像功能的 App 完成短视频的拍摄。

　　（1）轻颜相机。轻颜相机自带了多种摄像风格、滤镜和美颜样式，在拍摄短视频前可以设置好需要的摄像风格、美颜和滤镜，拍摄完成后可以直接保存并发布到网上。图 3-41 所示为轻颜相机的视频拍摄界面。美颜相机和无他相机的功能与轻颜相机类似，这类 App 拍摄短视频的显著优势就在于操作简单、方便，非常适合新手使用。

　　（2）抖音。抖音也能实现一些简单的短视频拍摄操作，但视频拍摄只是其辅助功能。抖音的短视频拍摄功能与手机原相机基本相同，不同之处在于其具备一定的短视频剪辑功能，并能将拍摄好的短视频直接发布到对应的短视频平台中。图 3-42 所示为抖音的视频拍摄界面。快手和微视的功能与抖音类似，这类 App 还提供了拍摄模板和分段拍等功能，使用模板可以直接拍摄与模板短视频内容基本相同的短视频，使用分段拍功能可以在拍摄了一段视频后暂停，在更换场景或主角后继续拍摄下一段视频，然后自动将多段视频组合成一个完整的短视频。

　　（3）美图秀秀。美图秀秀的主要功能是对拍摄的照片、短视频进行编辑和美化，短视频的拍摄功能与轻颜相机类似，拍摄后还可以进行短视频剪辑。图 3-43 所示为美图秀秀的视频拍摄界面。

图 3-41　轻颜相机的视频拍摄界面　　图 3-42　抖音的视频拍摄界面　　图 3-43　美图秀秀的视频拍摄界面

　　（4）ProMovie。ProMovie 的主要功能就是拍摄各种短视频，支持手动设置和调整曝光、对焦、快门速度、感光度和白平衡等与相机拍摄类似的辅助参数。图 3-44 所示为 ProMovie 的视频拍摄

界面，除了可以设置快门速度、感光度、白平衡、对焦、变焦等基础参数外，还可以设置一些能够提高短视频画面质量的参数。相同类型的 App 包括 FiLMiC Pro 和 MAVIS 等。

图 3-44　ProMovie 的视频拍摄界面

 **提示**

　　手机原相机和 ProMovie 比较适合拍摄剧情类、电商类或时长较长的视频，拍摄之后再利用剪映或 Premiere 等视频剪辑软件剪辑；抖音则适合跟拍、随拍等形式的短视频拍摄，并应用 App 自带的特效，简单剪辑后即可发布到短视频平台中。

## 三、特殊拍摄效果

　　使用手机原相机拍摄短视频过程中，有两种能够轻松实现且较常用的特殊拍摄效果，分别是慢动作和延时摄影。

### （一）慢动作

　　慢动作在产品展示类短视频中较为常见。利用手机的慢动作功能能够拍摄出慢动作视频，可以展现出在现实生活中或在正常速度下无法观察到的细微的动作细节，例如，运动鞋在奔跑过程中的减震变化，食物烹饪过程中的生熟变化，冰块落入盛有汽水的杯子中时产生的壮观波纹等。这些慢动作能够扩展用户的视野，让用户更容易沉浸在短视频中，给用户一种新的审美体验，也让产品看起来更具价值感和质感。

　　拍摄慢动作短视频前，需要设置好慢动作的相关参数。设置慢动作相关参数通常有两种方式。

　　（1）进入手机视频拍摄界面，点击"更多"选项，进入功能选择界面，点击"慢动作"选项，在打开的界面中选择对应的数值，然后打开原相机视频拍摄界面，点击"慢动作"选项，进入慢动作模式，如图 3-45 所示。

 **提示**

　　图 3-45 中的慢动作参数设置有两种参数选项，分别是 1 080p HD，120 f/s 和 1 080p HD，240 f/s。这里是将 30 f/s 的短视频作为标准，相当于"1X"，120f/s 的短视频相当于"4X"慢动作，240f/s 相当于"8X"慢动作。"4X"慢动作意味着正常播放 1s 的短视频画面转换成 4s 的慢动作播放效果，"8X"即 8s 的慢动作播放效果。

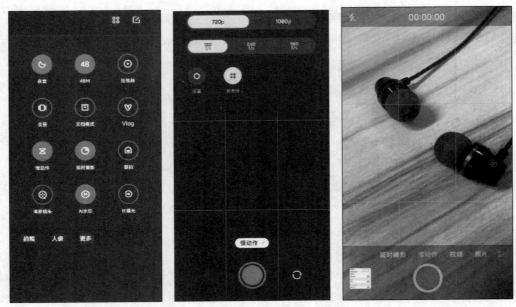

图 3-45　设置慢动作相关参数（方式一）

（2）进入手机视频拍摄界面，点击"更多"选项，在打开的界面中点击"慢动作"选项，进入慢动作模式，然后点击慢动作参数设置图标，滑动滑块设置慢动作的速率，如图 3-46 所示。

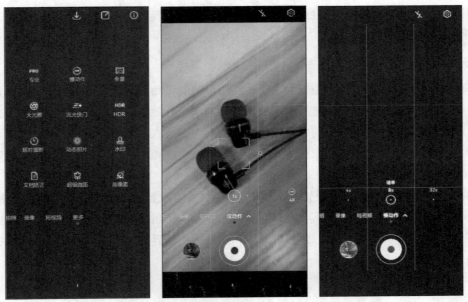

图 3-46　设置慢动作相关参数（方式二）

---

⏰ 提示

　　图 3-46 中的慢动作参数设置有 3 个参数选项，分别是"4X""8X""32X"，同样也是将 30 f/s 的短视频作为标准，相当于"1X"。

### （二）延时摄影

使用手机的延时摄影功能拍摄短视频，能将事物或景物变化的过程压缩到一个较短的时间内。例如，使用手机的延时摄影功能拍摄一条智能扫地机器人清扫客厅的短视频，整个清扫的过程会被压缩，时长会变短，形成快放效果。

现在的手机通常都支持延时摄影，拍摄时只需要固定手机位置，然后开启延时摄影功能，并拍摄即可。通常，在手机视频拍摄界面点击"更多"选项，在打开的界面中点击"延时摄影"选项，或者直接在手机视频拍摄界面点击"延时摄影"选项，即可进行延时摄影拍摄。

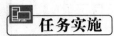**任务实施**

**任务演练 1：拍摄投影机展示短视频**

【任务目标】

使用手机原相机拍摄投影机展示短视频，并在拍摄前设置感光度、快门速度和测光等参数，然后按照分镜头脚本拍摄短视频。

【任务要求】

本次任务的具体要求如表 3-11 所示。

表 3-11　　　　　　　　　　　　　　　　　　任务要求

| 任务编号 | 任务名称 | 任务指导 |
| --- | --- | --- |
| （1） | 设置参数 | ① 设置视频分辨率为"16∶9（1 080p）"、视频帧率为"30f/s"<br>② 室内光线较暗，提高感光度，设置为"500"<br>③ 投影机静态拍摄，降低快门速度，设置为"1/100"<br>④ 投影机主要放在画面中央，设置测光为"中央重点测光" |
| （2） | 分镜头拍摄 | 根据任务一中提供的分镜头脚本拍摄 8 个镜头对应的视频，拍摄时，每个镜头可以拍摄多遍以保留更优素材 |

【操作过程】

**1. 设置参数**

首先在手机中设置短视频拍摄的相关参数，具体操作如下。

（1）进入设置界面。打开手机原相机，进入视频拍摄界面，点击"专业"选项，进入专业模式，点击右上角的"设置"按钮 。

（2）设置视频分辨率。打开设置界面，在"视频"栏中选择"视频分辨率"选项，弹出"视频分辨率"窗格，点击选中"[16∶9] 1 080p（推荐）"单选项，如图 3-47 所示。

微课视频

设置参数

（3）设置视频帧率。返回设置界面，在"视频"栏中点击"视频帧率"选项，弹出"视频帧率"窗格，点击选中"30f/s"单选项，如图 3-48 所示。

（4）设置感光度。返回设置界面，点击左上角的■按钮，返回专业模式，点击参数栏中的"ISO"

按钮![ISO]，弹出 ISO 参数栏，滑动滑块将 ISO 数值设置为"500"，如图 3-49 所示。

（5）设置快门速度。在专业模式的参数栏中点击"S"按钮![S]，弹出 S 参数栏，滑动滑块将 S 数值设置为"1/100"，如图 3-50 所示。

（6）设置测光。在专业模式的参数栏中点击"M"按钮![M]，弹出 M 参数栏，点击![■]按钮，如图 3-51 所示。

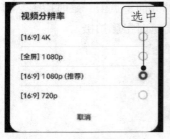

图 3-47　设置视频分辨率

图 3-48　设置视频帧率

图 3-49　设置感光度

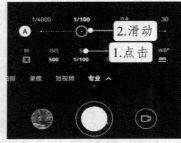

图 3-50　设置快门速度

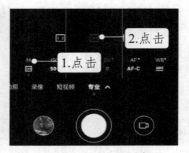

图 3-51　设置测光

### 2. 分镜头拍摄

接下来就将手机连接手持稳定器，打开补光灯开始拍摄，具体操作如下。

（1）连接手持稳定器。通过蓝牙连接手机和手持稳定器，进入手机的视频拍摄界面，将短视频画面调整为横屏，然后按下手持稳定器上的视频拍摄按钮，开始拍摄短视频。

（2）打开补光灯。开启放置在桌子正面的平面补光灯（为了不影响正面拍摄，可以将补光灯放置在投影机正面上方）和手机上的便携式移动环形补光灯。

微课视频

分镜头拍摄

（3）拍摄镜头 1。从投影机正面左侧开始拍摄，投影机位于视频画面左侧三分之一处，如图 3-52 所示。

（4）拍摄镜头 2。从投影机正面右侧开始拍摄，投影机位于视频画面右侧，然后水平向右移动手机，直到投影机到达视频画面中间位置，如图 3-53 所示。

（5）拍摄镜头 3。从投影机正面斜上方开始拍摄投影机的顶部，投影机位于视频画面右侧，然后水平向右移动手机，直到投影机开关按钮到达视频画面中间偏左的位置，如图 3-54 所示。

（6）拍摄镜头 4。将投影机遥控器放在桌面上，手机水平向左移动，遥控器从视频画面左侧水平移动到视频画面右侧位置，如图 3-55 所示。

图 3-52　镜头 1

图 3-53　镜头 2

（7）拍摄镜头 5。将投影机放在桌面上，近距离拍摄投影机背面上方的接口，从接口最右侧开始，手机水平向左移动，直到接口到达视频画面右侧位置，如图 3-56 所示。

（8）拍摄镜头 6。启动投影机，拍摄正面镜头，投影机位于视频画面左侧，然后水平向左移动手机，直到投影机到达视频画面右侧位置，如图 3-57 所示。

图 3-54　镜头 3

图 3-55　镜头 4

图 3-56　镜头 5

图 3-57　镜头 6

（9）拍摄镜头 7。将平面补光灯放置在投影机右侧，将灯光亮度调节到最低（也可以关闭平面补光灯，使用手机自带的闪光灯作为补光灯），关闭便携式移动环形补光灯，室内其他光源全部关闭。先拍摄投影机右侧背面的镜头，接着手机先向 2 点钟方向移动，然后向 1 点钟方向移动，直到投影机的投影画面出现在视频画面中，如图 3-58 所示。

（10）拍摄镜头 8。先拍摄投影机的投影画面，接着将手机向 7 点钟方向移动，然后向 8 点钟方向移动，将镜头逐渐转移到投影机身上，直到投影机接近视频画面的中央位置，如图 3-59 所示（配套资源：\效果文件\项目三\任务二\投影机展示\镜头 1～8.mp4）。

图 3-58　镜头 7

图 3-59　镜头 8

 **任务实施**

### 任务演练 2：拍摄智能台灯展示短视频

**【任务目标】**

固定手机拍摄竖屏短视频，进行简单的原相机基础设置，然后根据脚本拍摄短视频，展示智能台灯的外观、开关方法、光源调节方法，以及台灯在使用和控制上的便捷性。

**【任务要求】**

本次任务的具体要求如表 3-12 所示。

表 3-12　　　　　　　　　　　　　　　　　任务要求

| 任务编号 | 任务名称 | 任务指导 |
| --- | --- | --- |
| （1） | 设置参数 | 开拍前设置视频分辨率、视频帧率和参考线 |
| （2） | 分镜头拍摄 | ① 先拍摄模特看书时的台灯灯光<br>② 展示台灯亮度调节、折叠和光照效果<br>③ 展示通过手机 App 控制台灯的操作<br>④ 展示模特调节台灯亮度，在台灯下书写和使用笔记本电脑的画面<br>⑤ 展示台灯和笔记本电脑在一起的画面 |

**【操作过程】**

**1. 设置参数**

首先在手机中设置视频分辨率和视频帧率，并显示参考线，具体操作如下。

（1）进入设置界面。打开手机原相机，点击"录像"选项，进入视频拍摄界面，点击右上角的"设置"按钮 。

（2）设置视频分辨率和视频帧率。打开设置界面，在"视频"栏中查看"视频分辨率"和"视频帧率"参数，保持前面设置好的"[16：9] 1 080p"和"30f/s"。

（3）显示参考线。在"通用"栏的"参考线"选项右侧，点击灰色的 按钮使其变成蓝色的 状态，如图 3-60 所示，显示参考线。

微课视频

设置参数

图 3-60　显示参考线

### 2. 分镜头拍摄

然后通过三脚架固定手机，开始拍摄短视频的各个镜头，具体操作如下。

（1）固定手机。将手机安装在三脚架顶端的云台上，竖屏放置，开始拍摄。

（2）拍摄镜头 1。模特打开台灯，并拿出书坐在书桌旁。手机位于模特斜侧面拍摄，整个视频画面要包含台灯、书桌、模特以及被翻阅的书籍，如图 3-61 所示。

（3）拍摄镜头 2。调整手机位置，靠近台灯，缩小画面的显示范围，将台灯移动到视频画面的中心。然后拍摄旋转台灯按钮，将照明强度调整到最大值的画面，如图 3-62 所示。

图 3-61　镜头 1　　　　　图 3-62　镜头 2

（4）拍摄镜头 3。在台灯关闭的情况下，拍摄模特用手逐渐将灯体闭合的画面，如图 3-63 所示，展示台灯可折叠，且不占用过多的空间的特性。

（5）拍摄镜头 4。调整手机位置，先从上向下拍摄台灯座，然后水平移动手机，逐渐在画面中展示模特在台灯下书写的场景，如图 3-64 所示。

（6）拍摄镜头 5。将道具手机放置在拍摄短视频的手机前，用道具手机对着台灯拍照，展示台灯光源的稳定性，如图 3-65 所示。然后将道具手机移开，露出后面的台灯，增强画面的真实感。

 图 3-63　镜头 3　　　　　图 3-64　镜头 4　　　　　图 3-65　镜头 5

（7）拍摄镜头 6。将道具手机放置在拍摄短视频的手机前，将台灯作为背景，打开智能台灯需连接的 App，将拍摄重点集中到 App 操作上，拍摄通过 App 开启台灯、调整台灯亮度、更换光源颜色、关闭台灯等操作，如图 3-66 所示。

 图 3-66　镜头 6

（8）拍摄镜头 7。拍摄模特手动打开台灯并调整亮度的操作，如图 3-67 所示。

（9）拍摄镜头 8。调整手机的拍摄角度，正侧面拍摄，水平移动手机，再一次拍摄模特在台灯下书写的视频画面，如图 3-68 所示。

（10）拍摄镜头 9。调整手机位置，斜侧面拍摄，拍摄模特在台灯下使用笔记本电脑办公的视频画面，如图 3-69 所示。

（11）拍摄镜头 10。调整手机位置，正面拍摄，从左向右水平移动手机，拍摄台灯和笔记本电脑，如图 3-70 所示（配套资源：\效果文件\项目三\任务二\智能台灯展示\镜头 1～10.mp4）。

图 3-67 镜头 7

图 3-68 镜头 8

图 3-69 镜头 9

图 3-70 镜头 10

## 技能练习

在夜晚的室内拍摄一条展示口红的短视频，先在手机中设置感光度、曝光度和白平衡等参数，然后参考智能台灯展示短视频的拍摄过程，分镜头拍摄。

# 综合实训

## 实训一 拍摄女士 T 恤展示短视频

**实训目的：**巩固拍摄设备和辅助设备的相关知识，掌握手机基础设置和使用手机拍摄短视频的方法。

**实训要求**：按照表 3-13 所示的脚本，在户外拍摄一条横屏女士 T 恤展示短视频，尽量突出 T 恤的特点，展示 T 恤的上身效果。

表 3-13　　　　　　　　　　女款 T 恤展示短视频的分镜头脚本

| 镜号 | 景别 | 拍摄方式 | 画面内容 | 时长 |
| --- | --- | --- | --- | --- |
| 1 | 全景 | 固定镜头 | 模特慢慢走向镜头 | 2秒 |
| 2 | 中景 | 固定镜头 | 模特慢慢向前行走 | 2秒 |
| 3 | 中景 | 跟镜头 | 模特沿着栏杆继续行走 | 2秒 |
| 4 | 中景 | 移镜头（从下向上） | 模特在栏杆前站定 | 2秒 |
| 5 | 中景 | 固定镜头 | 模特将双手背在身后，缓慢转身 | 1秒 |
| 6 | 近景 | 跟镜头 | 模特将双手背在身后，缓慢后退 | 2秒 |
| 7 | 中景 | 固定镜头 | 模特坐在石凳上，双手放在两边 | 2秒 |
| 8 | 中景 | 固定镜头 | 模特站在树荫下 | 2秒 |
| 9 | 中景 | 固定镜头 | 模特站定并面向镜头 | 1秒 |

**实训思路**：本次实训涉及选择和准备设备、场景布置、手机设置和分镜头拍摄等操作，具体操作思路可参考图 3-71。

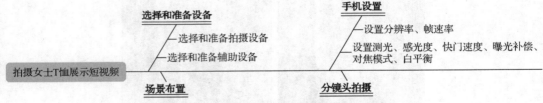

图 3-71　拍摄女士 T 恤展示短视频的思路

**实训结果**：本次实训完成后的参考效果如图 3-72 所示（配套资源：\效果文件\项目三\综合实训\女士 T 恤展示\镜头 1～9.mp4）。

图 3-72　实训参考效果

### 实训二　拍摄长尾夹展示短视频

**实训目的：**拍摄长尾夹展示短视频，进一步巩固短视频拍摄的基础知识。

**实训要求：**按照表 3-14 所示的脚本在室内拍摄长尾夹的短视频，主要展示长尾夹的外观和颜色，并展示其基本的使用方法。

表 3-14 　　　　　　　　　　　　　长尾夹展示短视频的分镜头脚本

| 镜号 | 景别 | 拍摄方式 | 画面内容 | 时长 |
|---|---|---|---|---|
| 1 | 近景 | 固定镜头 | 整齐排列各种颜色的长尾夹，通过旋转陈列道具的方式展示不同长尾夹的外观和颜色 | 2 秒 |
| 2 | 近景 | 摇镜头 | 从左向右展示整齐排列的各种颜色的长尾夹 | 2 秒 |
| 3 | 近景 | 推镜头 | 逐渐放大视频画面，且控制焦距，让长尾夹以从远到近、从模糊到清楚的方式呈现在视频画面中 | 2 秒 |
| 4 | 近景 | 固定镜头 | 将长尾夹夹到书本上 | 2 秒 |
| 5 | 近景 | 固定镜头 | 展示长尾夹的使用方法 | 1 秒 |
| 6 | 近景 | 推镜头 | 从远到近地展示不同尺寸的长尾夹 | 3 秒 |
| 7 | 近景 | 摇镜头 | 从左向右展示长尾夹，使其从模糊逐渐变得清晰 | 2 秒 |

**实训思路：**本次实训涉及选择和准备设备、场景布置、手机设置和分镜头拍摄等操作，具体操作思路可参考图 3-73。

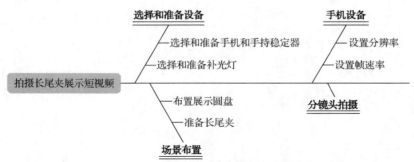

图 3-73 　拍摄长尾夹展示短视频的思路

**实训结果：**本次实训完成后的参考效果如图 3-74 所示（配套资源：\效果文件\项目三\综合实训\长尾夹展示\镜头 1～7.mp4）。

图 3-74 　实训参考效果

# 巩固提高

1. 名词解释：帧、镜头、感光度。

2. 常用的短视频拍摄设备有哪些？

3. 常用的补光灯有哪些？

4. 在卧室中可以拍摄哪些产品的展示类短视频？

5. 打开手机，将原相机视频拍摄的分辨率设置为 4K，并将帧速率设置为 60f/s。

6. 使用手机拍摄一条宣传和展示学校的短视频，要求至少有 8 个不同的镜头或场景。

7. 使用手机的延时摄影功能，拍摄 10 分钟大街上人来人往的短视频。

8. 某网店要在店铺首页放置一条连帽卫衣的展示短视频，如果请你来拍摄，请根据学过的知识，拍摄该产品的展示短视频。

# 短视频拍摄技巧

## 学习目标

**【知识目标】**

1. 熟悉景别、画面构成、拍摄角度及色彩渲染等基础知识,掌握短视频拍摄常用的构图方式和布光方式。

2. 掌握短视频拍摄中常用的运镜方式,掌握镜头节奏的设置方法。

**【技能目标】**

1. 具备构建专业、优美的短视频画面的能力,具备一定的艺术表现能力和审美能力。

2. 具备摄像镜头运用和节奏控制的能力,能够拍摄出符合商家要求的短视频画面。

**【素养目标】**

培养健康的审美情趣,提升个人审美能力。能够感悟自然美、生活美、科技美,同时要能够创造美。

## 项目导读

短视频拍摄不只是简单地将脚本变成视频画面,还需要通过设计镜头语言和构建美学价值体系来提高短视频的质量。荣邦公司又接到了短视频拍摄业务,是为某服装网店的一款女士羽绒服拍摄两条产品展示短视频,这两条短视频将用在不同的地方,因此需要有一定的区别。小赵主动向老李请缨,想通过新的工作来巩固所学知识并不断积累经验。老李表扬了小赵的工作态度,决定亲自带领小赵拍摄短视频,同时将景别、画面构成、拍摄角度、构图方式、布光方式、色彩渲染、运镜方式和镜头节奏等短视频拍摄技巧教给小赵。

# 任务一　构建短视频的美学价值体系

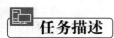
**任务描述**

老李先带着小赵为服装网店拍摄女士羽绒服相关的展示类短视频。小赵填写了任务单(见表4-1),

并在老李的指导下，在场景上体现两条短视频的区别，将拍摄工作分为室内拍摄和室外拍摄。

表 4-1　　　　　　　　　　　　　　　任务单

| 任务名称 | 设计女士羽绒服短视频的拍摄方案 | |
|---|---|---|
| 任务背景 | 这是一款中长款红色羽绒服，为吸引用户购买，拍摄的短视频要能展现羽绒服的细节及上身效果，且要具有一定的美感，同时也需要根据场景的不同有针对性地设计拍摄方案 | |
| 任务类别 | □理论学习　　□内容策划　　□视频拍摄　　■技巧应用　　□视频剪辑　　□运营推广 | |
| **工作任务** | | |
| **任务内容** | **任务说明** | |
| 任务演练1：设计室内拍摄女士羽绒服的方案 | 【拍摄场景】室内<br>【视频类型】产品展示类<br>【拍摄技巧】中景、近景、正面水平拍摄为主，中心构图，布置主光、辅光和背景光，红黑配色 | |
| 任务演练2：设计室外拍摄女士羽绒服的方案 | 【拍摄场景】室外<br>【视频类型】产品展示类<br>【拍摄技巧】中景、近景、正面水平拍摄为主，中心构图和三分构图，自然光为主光，利用反光板补光，红黑搭配灰色和米色 | |

任务总结：

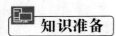

**知识准备**

# 一、景别

　　景别是指由于拍摄设备与拍摄对象的距离不同，拍摄对象在视频画面中所呈现出的范围大小的区别。景别是影视教学中十分重要的概念，是视觉语言的一种基本表达方式。任何现代影视作品都是由不同景别的视频画面按照影视叙事规律组合而成的，短视频也不例外。

　　景别通常由两个因素决定。一是拍摄设备的位置与拍摄对象的距离，即视距。通常视距越大，景别越大，拍摄对象的细节越模糊，视频画面容纳的内容越多；视距越小，景别越小，拍摄对象越突出，环境因素越少。二是拍摄时拍摄设备所使用的镜头焦距的长短。通常焦距越长，视角越窄，景别越小；反之，焦距越短，视角越宽，景别越大。也就是说，在拍摄短视频时，可以通过改变拍摄设备的视距或焦距来设置景别。图 4-1 所示为通过改变焦距来设置景别，左图为 ×0.6 超广角镜头拍摄的远景画面，右图为使用 ×2 长焦镜头拍摄的中景画面。

　　景别是视频画面空间的表达方式，不同的景别可以使视频画面呈现出不同的效果，从而产生画面节奏的变化。景别通常有远景、全景、中景、近景和特写 5 种类型，划分的标准通常是拍摄对象在视频画面中所占比例的大小，如图 4-2 所示。

图 4-1 通过改变焦距来设置景别

图 4-2 景别的类型

## （一）远景

远景一般用来展现与拍摄设备距离较远的环境全貌，用于展示人物及其周围广阔的空间环境、自然景色和群众活动大场面等画面。远景相当于从较远的距离观看景物和人物，视野非常宽广，以背景为主要拍摄对象，整个画面突出整体，细节部分通常较为模糊。

### 1. 类型

远景通常又可以分为大远景和远景两种类型。

（1）大远景。大远景通常展现的是遥远的风景，人物或其他事物比例非常小，基本以"点"状出现或不出现。大远景的画面壮观有气势，具有较强的抒情效果，常用来展现宏大、深远的叙事背景，或者交代事件发生，或者人物活动的环境。大远景通常都是辽阔宏大的自然景观，如莽莽群山、浩瀚海洋和无垠草原等，如图 4-3 所示。

（2）远景。远景的拍摄距离稍微近些，但镜头中的风景画面仍然深远，人物或其他事物在整个视频画面中只占很小的比例，但基本能看清楚。短视频拍摄中使用远景可以表现规模浩大的场景，如人声鼎沸的市场、车水马龙的街道和宽阔宏大的景点等，如图 4-4 所示。另外，拍摄过程中需要切换场景时，往往也会用远景来转场。

图 4-3 大远景　　　　　　　　图 4-4 远景

## 2. 拍摄技巧

短视频中的远景通常使用相机和无人机拍摄。相机具备专业的光学变焦功能，能够直接通过焦距的变化来拍摄远景画面。无人机航拍能带给用户俯瞰地面的视觉感受，使画面更显辽阔和深远，如图4-5所示。而手机光学变焦功能相对较弱，较少用于航拍，拍摄的远景画面效果较差。使用手机拍摄远景需要掌握一些拍摄技巧，这样才能拍出更好的远景画面。

（1）使用无损变焦拍摄。使用手机自带的变焦功能拍摄远景时，尽量在无损变焦范围内放大视频画面，否则一旦超过这个范围，就会出现噪点，导致画质下降。

（2）外接长焦镜头拍摄。手机拍摄远景画面可以使用外接的长焦镜头，如图4-6所示，这样拍摄出来的短视频清晰度更高，几乎没有噪点。另外，手机外接长焦镜头通常要配合稳定器使用，以保证手机稳定，否则画面会不清晰。

图4-5　无人机航拍大远景

图4-6　手机外接长焦镜头

（3）局部放大视频画面。局部放大就是在拍摄短视频前，对视频画面进行局部放大，如果没有出现噪点且不影响视频画面的质量，再缩小到原始画面拍摄，如图4-7所示。

图4-7　局部放大视频画面

## 3. 适用远景的短视频类型

拍摄短视频时，远景主要用来交代环境，向用户描述叙事背景，起到渲染气氛、传递情绪的作用。常见的可以采用远景的短视频主要有以下4类。

（1）剧情类。远景画面配上优美的文案和背景音乐，可以表达某种情绪，营造某种氛围，进而感染用户。例如，在拍摄与梦想相关的短视频时，通过远景展示夜晚的城市建筑、匆匆的行人、车水马龙的道路等，渲染挫折，再配上适合的背景音乐，很容易引起有相同经历的用户的共鸣，如图 4-8 所示。

（2）旅行类。通过远景展示山脉、海洋、草原等风景，可以带给用户强烈的视觉冲击，如图 4-9 所示。

（3）三农类。在一些农产品相关的短视频中，可以通过远景来展示产地的全貌，如图 4-10 所示，目的是强化农产品的原产地标签，获得用户的信任。

图 4-8　城市的远景画面

图 4-9　旅行中的远景画面

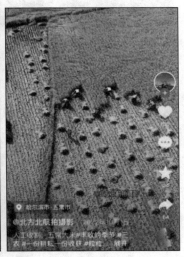
图 4-10　产地展示的远景画面

（4）时尚类。时尚类短视频中常以自然风光作为远景，将时尚融入优美的风景中，或者让时尚与风景形成鲜明的对比。例如，通过远景拍摄，将美妆融入远景环境，凸显妆容的自然与和谐等。

## （二）全景

全景用来展示某一具体场景的全貌或人物的全身（包括体型、衣着打扮等），来交代一个相对窄小的活动场景里人与周围环境或人与人之间的关系。从视觉上看，全景以拍摄对象为主，环境为辅。拍摄产品展示类短视频时，经常会选择全景作为主要的景别。

### 1. 全景与远景的区别

远景和全景镜头常见于影视剧和短视频的开头、结尾部分。通常，远景展现的是更大范围里人与环境的关系，而全景中人物的活动信息更加突出，在叙事、抒情和阐述人与环境的关系方面可以起到独特的作用，能够更全面地表现人与人、人与环境之间的密切关系。

与远景比，全景会有比较明显的内容中心和拍摄主体（主要拍摄对象）。当拍摄主体为人物时，全景主要凸显人物的动作、神态，同时视频画面中应该出现人物所处的环境；当拍摄的视频画面要表现环境时，主体（人或物）在其中的高度不超过视频画面高度的 1/5；如果拍摄主体为产品，产品应当超过视频画面高度的 1/2，但又不能超出整个画面，如图 4-11 所示。

图 4-11　产品短视频中的远景（左）和全景（右）

## 2. 类型

全景通常可以分为大全景、全景和小全景 3 种类型。

（1）大全景。大全景通常包含所有拍摄对象和周围环境，常用作环境介绍，也经常被称作"最广的镜头"，如图 4-12 所示。

图 4-12　大全景

（2）全景。全景中拍摄到的主要是拍摄对象的全貌以及所处的小环境，在全景中能够看清楚人物的动作、产品的整体形象，以及主要的环境要素，如图 4-13 所示。

（3）小全景。小全景视角范围比全景小，但又能保持人物和产品的相对完整，如图 4-14 所示。

图 4-13　全景　　　　　　　　　　　　　　图 4-14　小全景

## 3. 拍摄技巧

拍摄全景需要有一定的技巧。

（1）拍摄全景时，拍摄对象要显示完全，视频画面中拍摄对象的周围要留有一定的空间，拍摄对象不能与视频画面同等高度。

（2）全景拍摄时，将拍摄对象摆放在一个明显的位置比较好（如视频画面的中央、黄金分割点或三分线等），以便展现出其外观特征。

（3）要注意全景与其他景别的关联性。通常，在某一具体场景中拍摄全景的目的是引出后面的一系列中景、近景或特写镜头，全景镜头中的画面应当是后面相关景别镜头的叙事依据。例如，拍摄一条毛笔制作教程的短视频，开始出现的是清洗原料的全景画面，紧接着出现的是清洗原料的近景和特写画面，开始使用全景可以使画面的过渡更自然，逻辑更清晰。

### 4. 适用全景的短视频类型

适用全景拍摄的短视频类型包括才艺类、旅行类和剧情类。在才艺类、旅行类短视频中，全景非常适合表现美丽的服装、优雅的人物写真、主角与某个景点的"合照"等；在剧情类短视频中，全景多用于交代环境的信息。除此之外，产品展示类短视频也常用全景展示产品的外观和使用场景，如图4-15所示。

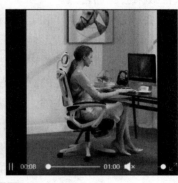

图 4-15　产品展示类短视频中的全景画面

## （三）中景

中景指人物膝盖以上的画面或场景局部的画面。在所有景别中，中景重点表现的是人物的上身动作，环境相对处于次要地位。较全景而言，中景更能细致地推动情节发展、表达情绪和营造氛围，所以，中景具备较强的叙事性，在影视剧中占比较大。

### 1. 作用

中景不仅能让用户看清楚拍摄对象，还能为镜头的变化起到过渡作用。

（1）刻画人物。短视频中表现人物的身份、动作以及动作的目的，甚至多人之间的人物关系的镜头，以及包含对话、动作和情绪交流的场景都可以采用中景。

（2）展现关系。使用中景可以表现视频画面中人与物的关系。中景经常出现在服装、鞋靴等产品展示类短视频中。例如，图4-16所示的中景画面中，女演员的衣服和鞋富有特征性的形体语言清晰地表现了人物对衣服的喜爱，以及对运动鞋舒适度的满意。

（3）对称构图。双人中景中，可以将视频画面从中间一分为二，采用对称构图，用位置、动作等体现两人的状态和关系，如图4-17所示。

图 4-16　产品展示类短视频中的中景画面　　　图 4-17　对称构图的中景画面

### 2. 拍摄技巧

拍摄中景时，人物应当占据重要位置，即便是产品展示类短视频，也要注意通过人物的言行举止展示产品的使用效果。

（1）注意拍摄设备的位置。拍摄中景时，拍摄设备最好平行于人物的腰部，这样拍摄出来的人像效果会更加自然。

（2）使用手部动作和道具。中景可以包含人物的手部和周围的道具，借助手部动作和道具来表现人物的内心状态或形体特征，可以丰富视频画面的表达。

（3）控制背景。拍摄中景除了要关注人物的姿势和神态外，还要调整好背景在视频画面中的占比。中景中背景存在的意义是烘托人物，不能喧宾夺主。

（4）注意横屏和竖屏。拍摄中景时，如果使用横屏拍摄，画面会更有空间感；如果使用竖屏拍摄，画面会更紧凑和饱满。图 4-18 所示为竖屏中景画面，拍摄该画面的目的是展示挎包的上身效果，突出产品时尚、有质感的特点。拍摄时采用竖屏拍摄中景，视频画面中的空间感会更强，也更容易聚焦于产品或人物的面部表情、肢体动作等，同时也更符合用户观看短视频的习惯。

### 3. 适用中景的短视频类型

无论哪种类型的短视频，只要画面中涉及人物的，通常会以中景为主要的景别，其目的是清晰地展示人物的情绪、身份或动作，如图 4-19 所示。

图 4-18　竖屏中景画面　　　　　图 4-19　短视频中的中景画面

### （四）近景

近景是指人物胸部以上的画面，有时也用于表现景物或产品的某一局部。近景的可视范围较小，人物、景物或产品的尺寸足够大，细节比较清晰，因此非常有利于表现人物面部细微的表情神态或其他部位的细小动作，以及景物、产品的局部状态。正是由于这种特性，近景在短视频拍摄中应用得非常广泛，可用于表现人物的面部表情，传达人物的内心世界，刻画人物性格，或者展示产品的外观部件和性能卖点。

#### 1. 作用

在短视频中，近景主要用于表现细节和刻画人物性格。

（1）表现细节。拍摄设备离拍摄对象越近，背景和环境因素的功能就越弱，视频画面中的内容也就越少。所以，为了呈现更多的内容，需要将镜头集中到一些细节之处，这时就需要使用近景。例如，为了说明某煮蛋器的"可视化上盖"产品卖点，就拍摄了上盖的近景画面，让用户可以直接看到可视化的盖子，如图4-20所示。

（2）刻画人物性格。近景往往具有刻画人物性格的作用，通常以人物的面部表情和细微的动作来体现。例如，短视频中要展现主角的傲慢，就可以利用近景拍摄其微昂的头、充满自信的眼神，以及微微扬起的嘴角等。

#### 2. 拍摄技巧

拍摄近景需要注意造型和画面焦点的问题。

（1）设计更加细致的造型。近景中人物面部、产品表面会十分清晰，一旦有瑕疵，就会被放大。因此，拍摄近景时，就要设计更加细致的造型，对化妆、服装和道具都有更高的要求。

（2）找准焦点。拍摄人物近景时，可以聚焦人物五官。人物在开心的时候眉开眼笑，在悲伤的时候有泪水流出等，这就需要将拍摄的焦点集中到主角的面部，抓拍这些表情。在拍摄产品的外观部件时，则要把产品卖点展示清楚，拍摄的焦点集中到卖点对应的部件或位置上。例如，某行李箱短视频中，为了展现其使用国际通用海关锁的卖点，就拍摄了密码锁部位的近景画面，如图4-21所示。

图4-20　表现"可视化上盖"产品卖点的近景画面

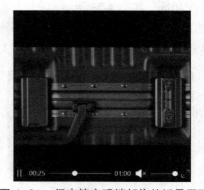

图4-21　行李箱密码锁部位的近景画面

#### 3. 适用近景的短视频类型

近景更适合屏幕较小的手机，有助于用户看清短视频的内容，几乎所有的短视频类型都适合采用近景拍摄。特别是涉及人物、动物、产品的短视频，以及视频直播和 Vlog，很多都会使用近景拍摄，如图 4-22 所示。

图 4-22　短视频中的近景画面

## （五）特写

特写是指画面的下边框在人物肩部以上的头像，或物体的细部。由于特写的画面视角最小，视距最近，整个拍摄对象充满画面，因此能够更好地表现拍摄对象的线条、质感和色彩等特征。短视频中使用特写能够更清晰地向用户展示产品细节，为剧情内容营造悬念，还能细微地表现人物的面部表情，在展现人物内心活动的同时给用户留下深刻的印象。

### 1. 类型

特写可以分为普通特写和大特写两种类型。

（1）普通特写。普通特写就是拍摄设备在很近的距离内拍摄对象，突出强调人物、景物或产品的某个局部，如图 4-23 所示。

（2）大特写。大特写又被称为细部特写，主要针对拍摄对象的某个局部进行拍摄，更加突出局部的细节。例如，青筋突起的手臂，人物面部的嘴唇等，如图 4-24 所示。

图 4-23　普通特写

图 4-24　大特写

### 2. 作用

虽然特写画面较为单一，但其在短视频中的作用不可小觑。

（1）强化某些内容或突出某种细节。特写对于人物面部表情的表现更加细致入微，尤其是人物眼睛，通过眼睛的特写可以强化对人物性格的刻画或情感的表达。

（2）揭示事物的本质。特写通常可以展示事物最有价值的部分，强化用户对事物的认识，并达到透视事物深层内涵、揭示事物本质的目的。例如，要展示电器智能遥控或远程遥控的卖点，只需要拍摄手机中电器控制 App 的特写画面，如图 4-25 所示。

（3）叙事强调。通常在短视频中出现的某个事物的特写镜头，都表明这个事物具有特定的含义，暗示会在接下来的内容中进行解释和说明，起着叙事强调的作用。

（4）作为人物的主观镜头。特写还可以作为短视频中人物的主观镜头，例如，拍摄智能空调短视频，前一个镜头是演员发出开启空调的语音指令，下一个镜头就是空调运转灯亮的开机特写画面，后者成为前者的主观镜头，如图 4-26 所示。

 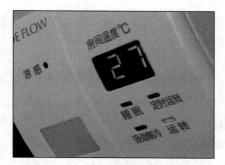

图 4-25　电器控制 App 的特写画面　　　　图 4-26　空调开机的特写画面

---

 **知识拓展**

拍摄人物的特写镜头时，可以运用一些拍摄技巧来提升短视频的画面效果。

（1）最好不用长焦镜头拍摄人物面部特写，避免镜头畸变造成人物面部变形。

（2）以人物的眼睛作为对焦中心，使拍摄的人物面部更清晰。

（3）拍摄面部特写要注意人物眼睛的注视方向，尽量不要在视频画面中出现大量眼白。

（4）拍摄面部特写还需要注意人物脸型和五官的特点，对于影响视频画面效果的瑕疵，如斑痕、皱纹等，通过美颜、布光或道具遮挡的方式调整。

（5）拍摄设备的镜头尽量与人物的眼睛平齐。

（6）如果是拍摄手部或脚部的特写，最好有手指或脚趾的形状变化，这样视频画面中的手或脚才显得有动感。另外，手部或脚部应尽量侧对镜头。

（7）拍摄特写多采用前侧光、逆光正面补光，这样能使人物具备立体感和空间感。

---

### 3. 适用特写的短视频类型

特写一般出现在剧情类或带有情绪表达的短视频中，现在很多美食类、科普类和生活类短视频也会大量拍摄特写画面。在产品展示类短视频中，特写的应用更为广泛，特别是在展示产品细节的时候，如图 4-27 所示。

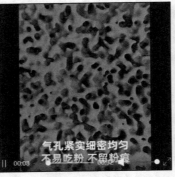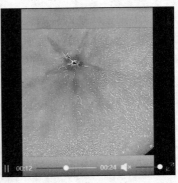

图 4-27　产品展示类短视频中的特写画面

## 二、画面构成

短视频的画面通常由主体、陪体和环境 3 个主要要素构成。

### （一）主体

主体是短视频中的主要拍摄对象，在短视频中起主导作用，是视频画面的表现中心，也是用户观看的视觉中心。短视频中的主体通常是单一的一个对象或一组对象，既可以是人，也可以是物，甚至是抽象的对象。从摄影摄像的角度出发，视频画面的行为中心就是主体，视频画面中的各种元素都围绕着主体展开。因此，主体在画面构成中的主要作用就是表达内容和构建画面。例如，拍摄产品短视频时，一定要强调和突出产品的主体形象，让用户瞬间领会到摄像所要表达的意图，如果主体处理不当，就会使短视频画面看起来杂乱且平淡。

### （二）陪体

陪体作为主体的陪衬存在，是短视频拍摄过程中的次要拍摄对象。

#### 1. 作用

拍摄短视频时，通常会用到与主体形成对比或起到反衬作用的陪体，以突出主体，美化、均衡视频画面，并渲染整体气氛。

（1）画面构成中并不一定要有陪体，但恰当地运用陪体可以让视频画面更为丰富，而且可以渲染气氛，对主体起到解释、限定、说明、烘托的作用。

（2）主体在陪体的衬托下，更容易说明画面内容，即陪体的存在可以对主体起到解释说明的作用，有利于用户正确地理解画面内容。图 4-28 所示的运动鞋短视频中，主体为运动鞋，陪体为人的手，手对运动鞋施加的按压动作就有助于向用户展示和说明运动鞋柔软的卖点。

（3）拍摄远景时，可以将陪体作为画面前景，用来增强视频画面的透视效果，使景深富有立体感、空间感。例如，为了展现雪山的雄伟壮丽，在拍摄的视频画面中加入雪山前的一片湖水作为陪体，增强了画面的空间感，也形成了反衬，突出了雪山这个主体。

（4）视频画面中存在陪体也是为了让用户在视觉上产生平衡感。例如，在拍摄树木相关的短视频中加入人物作为陪体，不仅可以衬托出树木的规模，还会使视频画面灵动有生气；在水果短视频的画面中加入枝叶作为陪体，可以突出水果新鲜的特点，如图 4-29 所示。

图 4-28　运动鞋短视频中的主体和陪体

图 4-29　水果短视频中的主体和陪体

#### 2．处理方法

视频画面中的陪体不能抢夺用户对主体的关注，所以需要进行一定的处理。

（1）直接处理。直接处理是指在视频画面中直接出现陪体，通过虚化或者暗化陪体的方法来分清主次。

（2）间接处理。间接处理是指将陪体设置在视频画面外，用户可以通过视频画面中某个线索的引导将其在脑中联想出来。间接处理可以调动用户的思维，同时也使短视频在内容和形式上产生空间延伸和意境，不适合产品展示类短视频。

### （三）环境

环境是主体和陪体所处地的物质和非物质因素的总和，包括人物、景物和空间等，是视频画面的重要组成部分。在画面构成中，环境的作用主要是烘托气氛，突出主体的特点，强化主体的表现力，丰富视频画面的层次。环境通常包括前景、中景、背景和留白。

#### 1．前景

前景是指位于主体前面或靠近镜头的景物，前景的设置通常会依据主体的特征和画面构成的需要来决定。

（1）通过前景丰富画面元素。前景可以丰富视频画面的构成元素，例如，拍摄旅行类短视频时，可以利用花草、树木等对象作为前景来丰富视频画面，如图 4-30 所示。

（2）通过前景形成框架构图。框架构图是一种常用的画面构图方式，主要是巧妙地应用线条优美的门、窗或树等前景在视频画面中形成框架，如图 4-31 所示。

（3）通过前景引导视觉流向。拍摄时如果场景中有比较明显的线条，只要在画面构成中将线条指向主体，则能够使前景的线条具有明显的视觉导向作用，如图 4-32 所示。

#### 2．中景

中景是主体的存在环境，在画面构成中用于放置主体，通常位于前景和背景之间，且中景在整个画面构成中所占比例应该更多。通常，在拍摄产品展示类短视频时，中景为产品放置环境，产品背后则是真实或虚幻的背景，使得整个画面构成有层次感和空间感，如图 4-33 所示。

#### 3．背景

背景是主体背后的景物，通常用于交代主体所处的位置、场景及渲染气氛。产品展示类短视频中，背景比前景重要，背景可以间接点明主题，起到画龙点睛的作用，如图 4-34 所示。

图 4-30　花草前景

图 4-31　框架前景

图 4-32　引导线前景

图 4-33　早餐机短视频中的中景

图 4-34　保温杯短视频中的背景

#### 4. 留白

留白是我国传统艺术的重要表现手法之一，在短视频画面构成中也较常出现，即在视频画面中留下一定的空白。例如，蓝蓝的天空中一架无人机在悬停，从画面构成的表象上只感觉天空格外空旷，但将广袤的天空与小小的无人机联系在一起，就可以突出无人机轻松飞到高空进行航拍的卖点。留白更多用于摄影和电影中，在短视频画面构图中应用留白可以提升短视频的美学价值。

> 素养小课堂
>
> 满则溢，盈则亏。留白既是美学的体现，也是一种人生智慧。内容创作者既要充分发挥自己的主观能动性，提升自己观察、思考和领悟的能力，也要懂得给自己留白。

### 三、拍摄角度

拍摄角度是指摄像头与拍摄对象在水平面上的相对位置，包括正面、侧面和背面。与之相关的是拍摄方向，拍摄方向是指以拍摄对象为中心，在同一水平面上围绕拍摄对象四周选择摄影点。在拍摄距离和拍摄高度不变的条件下，不同的拍摄角度可展现拍摄对象不同面的形象，以及与环境的不同组合关系变化。

（1）正面拍摄。正面拍摄是在拍摄对象的正前方拍摄，用户能看到拍摄对象的正面形象和特征，这也是短视频拍摄常见的拍摄角度。

（2）正侧面拍摄。正侧面拍摄是指拍摄镜头与拍摄对象的正面呈 90°，这种方向拍摄的视频画面能够表现出拍摄对象的动感和与其他事物的交流、冲突和对抗等。正侧面拍摄在产品展示类、场景测试类、广告类短视频中较为常用，通常是为了展示产品的外观和侧面的细节，如图 4-35 所示。

（3）背面拍摄。背面拍摄是在拍摄对象的背面拍摄，能使用户通过视频画面产生参与感和现场感，并能为拍摄对象营造某种氛围。例如，场景测试类短视频中拍摄人物和产品的背面以展示产品上身的背面效果，如图 4-36 所示。

（4）斜侧面拍摄。斜侧面拍摄时，拍摄镜头位于拍摄对象的正面和侧面之间，或者正侧面与背面之间，可以同时将拍摄对象的正面和侧面，或侧面与背面展示在视频画面中，更全面地展示拍摄对象的外观和特征，如图 4-37 所示。

图 4-35　正侧面拍摄的运动鞋

图 4-36　背面拍摄的连衣裙

图 4-37　斜侧面拍摄的咖啡机

**知识拓展**

拍摄角度在垂直方向上还可以进行划分，如仰拍和俯拍。仰拍是指拍摄设备低于拍摄对象，从下往上、由低向高仰视拍摄对象。仰拍的视频画面能给用户带来深远广大的感受，凸显拍摄对象的气场。俯拍是指拍摄设备高于拍摄对象，从上往下、由高向低俯视拍摄对象，俯拍的视频画面则会带给用户视野开阔的感觉。

# 四、构图方式

构图可以理解为通过在一定的位置添加各种视觉元素，并构建视频画面中的各种要素，突出拍摄对象。构图是影响短视频画面质量的一个至关重要的因素，选择合适的构图方式有助于提高短视频画面的质量。

## （一）短视频构图的要求

拍摄短视频的过程中虽然存在着很多随机的、个人化的构图方式，但还是需要满足以下基本要求，这样才能更好地表达短视频的主题。

（1）突出主体。用户观看短视频大多是一次性的行为，因此视频画面的构图一定要突出拍摄对象。例如，拍摄产品展示类短视频时，尽量将产品放在视频画面中间，面向镜头，其他陪体、环境等因素最好放在视频画面的边角。

（2）画面简洁。与长视频相比，短视频具有一定的时间限制，无法容纳更多的内容，必须简洁且突出拍摄对象。所以，在拍摄时需要有所取舍，选择更贴合短视频主题的画面。

> ⏰ **提示**
>
> 摄影构图和短视频构图的区别不大，摄影拍摄的是静态画面，短视频拍摄的是动态画面，短视频构图就是在静态画面的构图基础上增加了动态性。

### （二）突出拍摄对象的构图方式

拍摄短视频时，可以采用一些构图方式来突出拍摄对象，如中心构图、对角线构图、辐射构图和三角形构图等。

（1）中心构图。中心构图是将拍摄对象放在视频画面的正中央，以突出拍摄对象。中心构图的好处在于主体突出、明确，且视频画面左右平衡，这种构图方式在产品展示类短视频中十分常见。

（2）对角线构图。对角线构图通常是利用对角线进行的构图，拍摄对象被安排在对角线上，能有效利用视频画面对角线的长度，是一种导向性很强的构图方式，能使视频画面产生立体感、延伸感、动态感和活力感。对角线构图可以体现动感和力量，线条是从画面的一边穿越到另一边，拍摄对象也可以在对角线两边，如图4-38所示。使用此类构图方式可以更好地展示产品，旅行类、美食类短视频也常用这种构图方式。

（3）辐射构图。辐射构图是指以拍摄对象为核心，向四周扩散辐射的构图方式。这种构图方式可把用户的注意力集中到拍摄对象上，然后又能使视频画面产生扩散、伸展和延伸的效果，常用于需要突出拍摄对象而其他事物多且复杂的场景。

（4）三角形构图。三角形构图是指在视频画面中安排3个视觉中心，使其形成一个稳定的三角形，可以增添视频画面的稳定性。三角形构图可以用于拍摄人物、建筑、山峰、植物枝干和静态物体等，如图4-39所示。

图4-38 对角线构图拍摄的美妆产品

图4-39 三角形构图拍摄的陶瓷产品

### （三）其他构图方式

拍摄产品、剧情、风景和艺术等相关的短视频时，还可以通过一些特殊的构图方式，引导用户的视觉焦点，传达情绪和感受，造成视觉上的冲击。

（1）三分构图。三分构图就是指将整个视频画面从横向或纵向分成 3 个部分，将拍摄对象放置在三分线的某一位置。这样做的好处是能突出拍摄对象，让画面紧凑且具有平衡感，让整个视频画面显得和谐且充满美感，如图 4-40 所示。

（2）九宫格构图。九宫格构图是十分常见且基本的构图方式，是指将整个视频画面在横、竖方向各用两条直线（也称黄金分割线）等分成 9 个部分，将拍摄对象放置在任意两条直线的交叉点（也称视线焦点）上，既能突出拍摄对象的美感，又能让整个视频画面显得生动形象，如图 4-41 所示。而拍摄人物时，可以将某一视线焦点放置在人物眼睛所在的位置。

图 4-40　三分构图拍摄的台灯产品

图 4-41　九宫格构图拍摄的平底锅产品

（3）均衡构图。均衡构图是指视觉比重均匀分布于视频画面各个区域的构图方式。在均衡构图的视频画面中，拍摄对象的大小、颜色、亮度及摆放位置等都会对各自的视觉分量产生影响，当拍摄对象均匀分布于视频画面时就能形成均衡构图，达到整齐、一致的效果。均衡构图多用在电影电视中，能给用户传递一种整齐、严肃、冷静的感觉。

（4）对称构图。对称构图是指拍摄对象在视频画面正中垂线两侧或正中水平线上下，对等或大致对等。这种构图方式拍摄的画面具有布局平衡、结构规整、图案优美、趣味性强等特点，能使用户产生稳定、安逸和平衡的感受，如图 4-42 所示。

（5）引导线构图。引导线构图是在视频画面中借助线条，串联起拍摄对象与背景，吸引用户的注意力，完成视觉焦点转移的构图方式，如图 4-43 所示。视频画面中的引导线不一定是具体线条，一条小路、一条小河、一座栈桥、两条铁轨、桥上的锁链、伸向远处的树木，甚至是人的目光都可作为引导线，只要存在一定的线性关系即可。

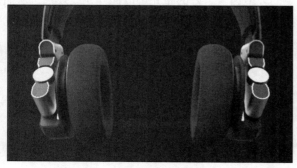
图 4-42　对称构图拍摄的耳机产品

图 4-43　引导线构图拍摄的美妆产品

（6）"S"形构图。"S"形构图是指利用视频画面中类似"S"形曲线的元素来构建画面的构图方式。"S"形曲线可以使视频画面更加柔美，并让拍摄对象充满灵动感，营造出一种意境美。同时，"S"形的引导线还能拓展视觉范围。

（7）框架构图。框架构图是指使用框架形的事物把拍摄对象"框"起来的构图方式，也称景框式构图，如图 4-44 所示。使用框架构图，会让视频画面充满神秘感和视觉冲动，并让用户产生一种探索感，引导其将视觉焦点集中在框架内的拍摄对象上。可以作为框架的元素包括人造的门、篱笆、自然生长的树干、树枝、一扇窗、一座拱桥和一面镜子等。

（8）低角度构图。低角度构图是确定拍摄对象后，寻找一个足够低的角度拍摄形成的构图，如图 4-45 所示，通常需要摄像蹲着、坐下、跪着或躺下才能实现。低角度构图类似于宠物或小孩的视角所看到的画面，能带来较强的视觉冲击力。

图 4-44　框架构图拍摄的农产品　　　　图 4-45　低角度构图拍摄的运动鞋产品

>  提示
>
> 　　摄影和摄像中还有其他一些构图方式，例如，希式构图、建筑构图、水平构图、冷暖构图、虚实构图和大小构图等。其中有些很少用于短视频拍摄，有些是常用构图方式的衍生，不过，所有构图方式都是为视频画面内容和主题服务的。

## 五、布光方式

　　光线是影响短视频画面质量的一个十分重要的环境因素。好的布光可以提升光线效果，从而有效提高短视频的画面质量，特别是在拍摄产品展示类短视频时，通过设置光线的光位、光型和光比，能够更好地展现产品的材质和特点，拍摄出吸引用户关注的视频画面。

### （一）光位

光位是指光照射的方向，分为水平光位和垂直光位两种类型。

#### 1. 水平光位

水平方向的光位包括顺光、侧光（包括前侧光、侧光和后侧光）和逆光 3 种类型，如图 4-46 所示。

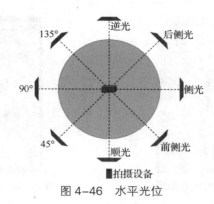

图 4-46　水平光位

（1）顺光。顺光是指从拍摄对象的正前方打光，即来自镜头方向的光。顺光是较常用的光位，光线直线投射到拍摄对象上，照明均匀，且阴影面少，可充分、细腻地展现出拍摄对象的色彩和表面细节。图 4-47 所示为拍摄的顺光照射产品的视频画面。顺光的缺点则是不易表现出拍摄对象的线条结构，缺乏立体感。

（2）侧光。侧光是指在拍摄对象的左侧或右侧打光。侧光会在拍摄对象上形成明显的受光面、阴影面和投影，画面有强烈的明暗对比，具有空间感和立体感，但较强的明暗反差不利于展示拍摄对象的全貌，可考虑使用反光板在另一侧补光。

（3）逆光。逆光即后方布光，是指从拍摄对象的背面打光，拍摄对象与背景存在极大的明暗反差，光源会在拍摄对象的边缘勾画出一条明亮的轮廓线。在逆光的条件下，拍摄对象大部分处在阴影之中，容易使拍摄对象表面的细节不够清晰。图 4-48 所示为拍摄的逆光照射产品的视频画面。

图 4-47　顺光照射产品的视频画面

图 4-48　逆光照射产品的视频画面

## 2. 垂直光位

垂直方向主要有顶光和底光两种光位。

（1）顶光。顶光是指从拍摄对象的顶部打光，其光线与拍摄设备成 90°。用顶光拍摄，拍摄对象的底部会出现较深的影子，且影子很短。顶光一般不作为主要的光源，只用作修饰光。图 4-49 所示为拍摄的顶光照射产品的视频画面。

（2）底光。底光是指从拍摄对象的底部打光。这种光线形成自下而上的投影，一般用于表现透明物体或营造神秘、高级的气氛。底光也是一种常用的修饰光，可以减少拍摄对象底部的阴影。图 4-50 所示为拍摄的底光照射产品的视频画面。

图 4-49　顶光照射产品的视频画面

图 4-50　底光照射产品的视频画面

## （二）光型

光型是指各种光线在拍摄时的作用。在拍摄短视频的过程中，根据光线作用于拍摄对象的不同效果，光型可以分为主光、辅光、轮廓光和背景光 4 种，如图 4-51 所示。

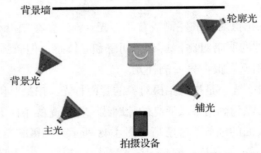

图 4-51　拍摄短视频时的各种光型

（1）主光。主光是拍摄对象的主要照明光线，对拍摄对象的形态、轮廓和质感的表现起主导作用。在短视频拍摄现场，主光通常是由柔光灯发出的，这种类型的光线比较均匀。用主光拍摄短视频时，主光的光位通常在顺光与侧光之间。拍摄时，一旦确定了主光，则确定了视频画面的基础照明和基调。主光只能有一个，若同时将多个光源作为主光，多个主光会同时在拍摄对象上产生阴影，使画面显得杂乱无章，无法突出主体。

（2）辅光。辅光的主要作用是提高主光产生的阴影部位的亮度，以平衡和调节拍摄对象明暗两面的亮度差，体现阴影部位的更多细节。在辅光的运用上，辅光的强度要比主光的强度小，否则拍摄对象会出现明显的辅光投影，即"夹光"现象。辅光通常放置在拍摄设备两侧，也可以固定在天花板或墙上。辅光不能抢夺主光的地位，所以两者之间要有一个最佳光比，这个比例需要通过反复试验来获得。

（3）轮廓光。轮廓光主要是用来勾勒拍摄对象轮廓的光线，能体现拍摄对象的立体感与空间感。轮廓光的光位通常为逆光或后侧光，轮廓光的强度往往比主光的强度高，使用颜色较暗的背景有助于突出轮廓光。

（4）背景光。背景光是照射背景的光线，主要用来调整拍摄对象及周围环境、背景的影调。背景光的运用需要考虑背景的色彩、距离与照明的角度，在拍摄时应当对背景光进行反复调整。拍摄短视频时可以通过调节背景光的亮度来调整视频画面的基调。例如，明亮的背景光能带给视频画面轻松、温暖和愉快的氛围，阴暗的背景光则能为视频画面营造出安静、阴郁和肃穆的气氛。

 **知识拓展**

　　拍摄短视频时，经常需要使用反光板和实用光源等进行布光。反光板在室外拍摄中起到辅光的作用，有时也当作主光使用，主要用于改善光线，使平淡的视频画面变得饱满和立体，更好地突出拍摄对象。实用光源则是指充当光源的一些灯具或光源体，如台灯、电视和蜡烛等，作用是产生光线的明暗对比，为视频画面营造戏剧效果。在拍摄产品展示类短视频时，为了显示出产品细节的层次，可以使用比较窄的光线照射产品，这种光线也被称为装饰光，例如，金属产品短视频中的耀斑就属于典型的装饰光。

### （三）光比

　　光比指拍摄对象亮部与暗部受光强弱（光照强度）的比例。光比大，拍摄对象亮部与暗部之间的反差就大；光比小，拍摄对象亮部与暗部之间的反差就小。通常情况下，光比的大小由主光和辅光的强度以及光源与拍摄对象的距离决定。

　　（1）调节主光和辅光的强度。加强主光强度或减弱辅光强度使光比变大；反之，光比变小。通常主光的强度要比辅光大。

　　（2）调节光源与拍摄对象的距离。缩小主光光源与拍摄对象的距离或加大辅光光源与拍摄对象的距离使光比变大；反之，光比变小。

## 六、色彩渲染

　　色彩是非常能吸引人眼球的东西。鲜明的色彩能让视频画面显得赏心悦目，给人眼前一亮的感觉，从而延长用户的停留时间，进而促进产品的销售。

### （一）色彩的属性

　　色彩有色相、明度、纯度3个基本属性，人眼所感知到的任一颜色都是这3种属性的综合效果。拍摄短视频或剪辑短视频时，通过设置色相、明度和纯度，将色彩巧妙地融入短视频中，能够增强视频画面的表现力和感染力。

　　（1）色相。色彩是照射在拍摄对象上的光反射到人眼中在视神经上所产生的感觉。色彩的不同是由光波的长短所决定的，而色相就是指这些色彩的不同波长情况。通俗地说，色相是指色彩的种类和名称。各种色彩中，红色是波长最长的色彩，紫色是波长最短的色彩。红、橙、黄、绿、蓝、紫和处在两种色彩之间的红橙、黄橙、黄绿、蓝绿、蓝紫、红紫共计12种较鲜明的色彩组成了12色相。图4-52所示为以蓝紫色为主的视频画面。

　　（2）明度。明度可以简单理解为色彩的亮度，不同的色彩具有不同的明度。例如，黄色就比蓝色的明度高，在一个视频画面中可以通过协调不同明度的色彩来表达情感，例如，当天空比地面明度低时，就会产生压抑的感觉。任何色彩都存在明度变化，其中黄色明度最高，紫色明度最低，绿、红、蓝、橙的明度相近，为中间明度色。另外，在同一色相的色彩中还存在明度深浅的变化，如绿色由浅到深有粉绿、淡绿、翠绿等明度变化。同一色相的色彩，在其中添加不同程度的黑色，其明度就会有不同程度的下降，在其中添加不同程度的白色，其明度则会有不同程度的上升。图 4-53 所示为明度较高的视频画面。

图 4-52　以蓝紫色为主的视频画面

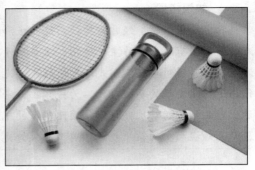

图 4-53　明度较高的视频画面

**提示**

通常情况下，增加明度，纯度会降低；明度越高，表示白色的比例越大，黑色的比例越小。降低明度，纯度会增加；明度越低，表示白色的比例越小，黑色的比例越大。如果一个色彩本身的明度就很高，如 100%，就无法再增加明度。

（3）纯度。纯度指的是色彩饱和程度。光波越长，色相纯度越高；反之，色相的纯度越低。不同色相的色彩不但明度不等，纯度也不相等。当色彩的色相相同，但其纯度发生变化时会带来"色彩性格"的变化。有了纯度变化，视频画面才会变得更加鲜活。高纯度色彩浓郁，给人张扬、活泼、温暖的感觉，更加吸引眼球；低纯度色彩则给人安静、理性、深沉的感觉，更容易打造出温馨的视频画面。图 4-54 所示为纯度较高和纯度较低的视频画面的对比。

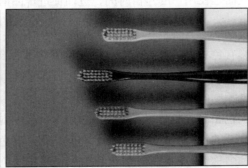

图 4-54　纯度较高（左）和纯度较低（右）的视频画面的对比

## （二）色彩的对比

色彩对比是指人眼对不同色彩感知的差异。色彩差异对人眼的感知影响很大，根据人脑对不同色彩的感受，通常将色彩分为暖色调（红、橙、黄）、冷色调（靛、蓝、紫）和中间色调（绿、黑、灰、白）。色彩的冷暖是人对色彩的心理感受，人们在观看色彩时，会因为受到视觉刺激而在思维方面产生对生活经验和环境事物的联想，表 4-2 所示为人在观看不同色彩时所产生的普遍心理感受。

表 4-2　　　　　　　　　　　　　　　　　　色彩对比

| 暖 | 色彩感受 | 冷 | 色彩感受 | 中间 | 色彩感受 |
|---|---|---|---|---|---|
| 红色 | 热情、主动、愤怒、喜庆 | 靛色 | 创意、睿智、理性、坚定 | 绿色 | 健康、生命、和平、宁静 |
| 橙色 | 欢乐、信任、活泼、新鲜 | 蓝色 | 力量、冷静、信用、专业 | 黑色 | 庄严、低调、现代、稳重 |
| 黄色 | 温暖、希望、智慧、辉煌 | 紫色 | 智慧、神秘、高尚、优雅 | 灰色 | 权威、中立、诚恳、沉稳 |
| | | | | 白色 | 朴素、纯洁、清爽、雅致 |

## （三）色彩的搭配

拍摄短视频时，对不同的色彩进行组合搭配，可以增大或者减小色彩间的对比差异，使视频画面呈现出多样化的视觉效果，从而吸引用户关注。

（1）黑色系。在很多电商相关的短视频中，黑色是高雅、稳重和科技的象征，也是许多数码产品的常用色。黑色还是庄严、稳重和低调的象征，也常用于一些特殊场合的空间设计。另外，生活用品和服饰用品设计可以利用黑色来塑造高贵的形象。黑色与其他色彩的配适应性非常强，大多数色彩能与黑色搭配，并产生不一样的效果。图 4-55 所示为应用黑色系的相机短视频画面。

（2）白色系。在很多电商相关的短视频中，白色是高级、清爽、雅致的象征，通常与其他色彩混合使用，如象牙白、米白、乳白、苹果白等。另外，白色与红色、橙色、黄色搭配会有一种华丽感；白色与蓝色、紫色搭配可以传达清爽、轻快的感觉。正是由于上述特点，白色常用于色彩较为素净的产品的短视频中，例如，家居产品、卫浴产品和家电产品等。图 4-56 所示为应用白色系的卫浴产品短视频画面。

图 4-55　应用黑色系的相机短视频画面　　　　图 4-56　应用白色系的卫浴产品短视频画面

（3）绿色系。绿色象征着健康与生命，在很多电商相关的短视频中，绿色经常用于与健康和生活相关的产品。绿色也经常与其他色彩搭配，绿色和白色搭配会给人一种清新、自然的感觉；绿色和红色搭配则会给人一种鲜明且丰富的感觉。另外，一些色彩专家和医疗专家们提出绿色可以适当缓解眼部疲劳。图 4-57 所示为应用绿色系的家居产品短视频画面。

（4）蓝色系。在很多电商相关的短视频中，高纯度的蓝色会给用户带来整洁、轻快的感受，低纯度的蓝色会给用户留下现代化的印象。蓝色与其他色彩，特别是与绿色、白色的搭配在现实生活中很常见，例如，拍摄日常生活用品的短视频，主色调选择明亮的蓝色，配以白色的背景和灰色的辅助色，可以使视频画面看起来干净而简洁，给人专业、充实的感觉。图 4-58 所示为应用蓝色系的手表短视频画面。

（5）红色系。红色是象征热情、喜庆的色彩。在很多电商相关的短视频中，常以红色突出产品、优惠福利等，以吸引用户的目光。高明度的红色与灰色、黑色等无彩色搭配使用，可以给人一种现代且激进的感觉。低明度的红色会给人一种冷静沉着的感觉，可以营造出古典氛围。在产品展示类短视频中，红色可以起到醒目的作用，以促进产品的销售。

图 4-57　应用绿色系的家居产品短视频画面　　　图 4-58　应用蓝色系的手表短视频画面

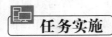
**任务实施**

### 🍵 任务演练 1：设计室内拍摄女士羽绒服的方案

【任务目标】

为女士羽绒服的室内拍摄设计对应的方案，设计好景别、画面构成、拍摄角度、构图方式、布光方式和色彩搭配等，以突出女士羽绒服的卖点，并将景别、拍摄角度、构图方式等体现在分镜头脚本中。

【任务要求】

本次任务的具体要求如表 4-3 所示。

表 4-3　　　　　　　　　　　　　　任务要求

| 任务编号 | 任务名称 | 任务指导 |
|---|---|---|
| （1） | 设计拍摄技巧 | ① 选择景别，以中景、近景为主<br>② 确定画面构成，以羽绒服为主体，模特为陪体<br>③ 选择拍摄角度，确定为正面拍摄<br>④ 设计构图方式，以中心构图为主<br>⑤ 设计布光方式，包括主光、辅光和背景光<br>⑥ 选择色彩搭配，红色搭配黑色 |
| （2） | 撰写分镜头脚本 | 根据前面设计好的拍摄技巧，撰写分镜头脚本，脚本中包含景别、拍摄角度、构图方式等项目 |

【操作过程】

**1. 设计拍摄技巧**

小赵先根据拍摄的产品类型设计对应的拍摄技巧，具体操作如下。

（1）选择景别。由于拍摄对象是女士羽绒服，为长款设计，且主要是由模特上身展示，因此，首先拍摄一个全景的上身效果，然后通过中景展示羽绒服的整体效果，最后通过近景展示羽绒服各部位的细节。

（2）确定画面构成。这条短视频需要为女士羽绒服服务，突出女士羽绒服这一拍摄对象。所以，确定视频画面主体为女士羽绒服。同时，这款羽绒服是需要模特上身展示的，拍摄的视频画面中不可避免会出现模特的身影，所以画面陪体就是模特。

（3）选择拍摄角度。由于短视频是在室内拍摄，会设置背景墙，那么在拍摄短视频时，需要将拍摄设备放置在模特前方，因此将拍摄角度确定为正面拍摄，然后通过模特侧身和转身的方式来展示羽绒服各个角度的上身效果。

（4）确定构图方式。女士羽绒服作为这条短视频的主角，应当放置在中间这一醒目位置，背景墙等因素放在视频画面的边角。

（5）设计布光方式。首先，羽绒服上身后无法展示内里的情况，通常拍摄的是正面、正侧面和背面的平面视频，所以，布光可以以水平光位为主。然后设计光型，一是主光，这里将主光布置在 45° 光位，主光不仅要照亮羽绒服的拍摄面，还需要照亮模特的脸部，所以，将主光位置稍微抬高，兼顾模特脸部的照明；二是辅光，辅光需要从另一个方向补充主光的光线强度，这里将其布置在前侧光光位；三是背景光，背景光设置在 135° 光位，主要照射背景墙。图 4-59 所示为设计好的室内拍摄布光方式。

（6）选择色彩搭配。这款女士羽绒服为红色，红色系的服装可以快速抓住用户的目光，给人留下深刻印象。如果全身都以红色为主，那给人的感觉就会过于张扬。这时可以使用小部分的黑色中和红色，平衡视觉效果，显得更加端庄、优雅、得体。那么可以让模特身穿红色羽绒服，搭配黑色的裤子，红黑的碰撞与组合给人较强的视觉冲击，给人一种成熟、大气的风格，如图 4-60 所示。

图 4-59 室内拍摄布光方式

图 4-60 室内色彩搭配

**2. 撰写分镜头脚本**

接下来就根据设计好的技巧撰写分镜头脚本，如表 4-4 所示。

表 4-4           《女士羽绒服展示（室内）》分镜头脚本

| 镜号 | 景别 | 拍摄角度 | 构图方式 | 画面内容 | 时长 |
|---|---|---|---|---|---|
| 1 | 全景 | | | 展示羽绒服正面 | 4秒 |
| 2 | 全景 | | | 展示羽绒服背面 | 4秒 |
| 3 | 中景 | | | 展示羽绒服正面 | 4秒 |
| 4 | 中景 | | | 展示羽绒服背面 | 4秒 |
| 5 | 中景 | 正面拍摄 | 中心构图 | 展示羽绒服 | 4秒 |
| 6 | 中景 | | | 展示羽绒服左侧 | 4秒 |
| 7 | 近景 | | | 展示羽绒服正面 | 4秒 |
| 8 | 近景 | | | 展示羽绒服右侧 | 4秒 |
| 9 | 近景 | | | 展示羽绒服左侧 | 4秒 |

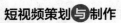 **任务实施**

### 任务演练 2：设计室外拍摄女士羽绒服的方案

**【任务目标】**

为女士羽绒服的室外拍摄设计对应的方案，设计好景别、画面构成、拍摄角度、构图方式、布光方式和色彩搭配等，以突出产品上身后的效果，并将景别、拍摄角度、构图方式等体现在分镜头脚本中。

**【任务要求】**

本次任务的具体要求如表 4-5 所示。

表 4-5                         任务要求

| 任务编号 | 任务名称 | 任务指导 |
|---|---|---|
| （1） | 设计拍摄技巧 | ① 选择景别，以中景、近景为主<br>② 确定画面构成，羽绒服为主体，模特、拎包为陪体，商店为背景<br>③ 选择拍摄角度，包括正面拍摄和斜侧面拍摄<br>④ 设计构图方式，以中心构图为主，三分构图为辅<br>⑤ 设计布光方式，主要是主光<br>⑥ 选择色彩搭配，红色搭配黑色、米色、灰色 |
| （2） | 撰写分镜头脚本 | 根据前面设计好的拍摄技巧，撰写分镜头脚本，脚本中包含景别、拍摄角度、构图方式等项目 |

**【操作过程】**

**1. 设计拍摄技巧**

小赵为室外拍摄的女士羽绒服短视频设计对应的拍摄技巧，具体操作如下。

（1）选择景别。由于是外景拍摄，短视频中涉及室外的场景，因此，景别并不固定，可以以中景、近景为主，并在同一个镜头中展示中景和近景，通过两种景别的转换，凸显女士羽绒服的动态上身效果。

（2）确定画面构成。视频画面的主体仍然是羽绒服，为贴合日常外出的场景，除了模特、模特的裤子这些陪体外，还可以为模特添加陪体拧包，并以商店为背景。

（3）选择拍摄角度。拍摄短视频时，同样需要将拍摄设备放置在模特前方，拍摄角度为正面拍摄和斜侧面拍摄，通过模特侧身和转身的方式来展示羽绒服各个角度的上身效果。

（4）确定构图方式。虽然是外景拍摄，但拍摄主体仍然是羽绒服，所以，构图方式仍然是中心构图。但外景比较空旷，出现在视频画面中的元素较多，且为了展示羽绒服的动态效果，需要模特有一定的位置移动，一旦发生移动，可以设计三分构图，让模特移动到画面三分线上。

（5）设计布光方式。室外拍摄通常以太阳光作为主光，主光光位为前侧光，另外，可以使用反光板在主光的另一侧（光位为 45°）为主体补光，如图 4-61 所示。

（6）选择色彩搭配。室外的色彩搭配与室内相同，但室外无法使用白色背景，这里就选择以灰色为主色的商店作为背景，灰色是中间色调，具有百搭效果，与红色和黑色完美配合。灰色具有放大空间的效果，可以让红色的羽绒服在视频画面中更加突出，且呈现出时尚、简约的风格。为了丰富模特的形象，还需要为模特配上一个米色的拧包以搭配红色羽绒服，展示羽绒服的大气，也让模特看起来更加有气质，并带给用户一种温暖的感觉，如图 4-62 所示。

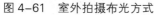

图 4-61　室外拍摄布光方式

图 4-62　室外色彩搭配

### 2. 撰写分镜头脚本

接下来就根据设计好的技巧撰写分镜头脚本，如表 4-6 所示。

表 4-6　　　　　　　　　　《女士羽绒服展示（室外）》分镜头脚本

| 镜号 | 景别 | 拍摄角度 | 构图方式 | 画面内容 | 时长 |
|---|---|---|---|---|---|
| 1 | 全景、中景、近景 | 斜侧面拍摄 | 中心构图 | 展示羽绒服正面 | 4 秒 |
| 2 | 中景 | 正面拍摄 | 中心构图、三分构图 | 全面展示羽绒服 | 10 秒 |
| 3 | 近景 | 正面拍摄 | 三分构图 | 展示羽绒服正面 | 5 秒 |
| 4 | 近景 | 正面拍摄 | 中心构图 | 展示羽绒服左侧 | 5 秒 |
| 5 | 全景、中景、近景 | 斜侧面拍摄 | 中心构图、三分构图 | 全面展示羽绒服 | 12 秒 |

技能练习

拟拍摄一条与手机壳相关的产品展示类短视频，为其设计布光方式和选择色彩搭配，并撰写分镜头脚本。

# 任务二　设计短视频镜头语言

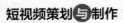 **任务描述**

　　老李在查看女士羽绒服的短视频拍摄方案后，发现脚本中没有运镜方式和镜头节奏相关的内容，便让小赵为短视频设计对应的镜头语言，并拍摄女士羽绒服短视频。小赵按照要求明确了本次任务的内容（见表4-7），为后面完善分镜头脚本、拍摄短视频做好准备。

表 4-7　　　　　　　　　　　　　　　任务单

| 任务名称 | 使用手机拍摄女士羽绒服的室内和室外展示短视频 | |
|---|---|---|
| 任务背景 | 小赵在电商平台中浏览了大量女士羽绒服相关的短视频，发现短视频内容同质化较为严重，因此需要为这款羽绒服的短视频设计一些特别的镜头语言，突出产品特点，为用户的视觉感受制造差异 | |
| 任务类别 | □理论学习　　　□内容策划　　　□视频拍摄　　　■技巧应用　　　□视频剪辑　　　□运营推广 | |
| **工作任务** | | |
| **任务内容** | **任务说明** | |
| 任务演练1：拍摄室内的女士羽绒服短视频 | 【拍摄场景】室内<br>【运镜方式】推镜头、拉镜头、摇镜头、固定镜头 | |
| 任务演练2：拍摄室外的女士羽绒服短视频 | 【拍摄场景】室外<br>【运镜方式】推镜头、拉镜头、移镜头、升降镜头、固定镜头 | |

任务总结：

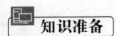 **知识准备**

## 一、运镜方式

　　运镜主要是指镜头的运动，是镜头语言的一种实现方式。运镜可以丰富视频内容的表达，增强视频画面的表现力。对于电商来说，在拍摄短视频的过程中使用多种运镜方式，能够让产品画面显得更流畅，也能提升用户的视觉体验。

### （一）固定镜头

　　固定镜头指在拍摄一个镜头的过程中，拍摄设备的机位、镜头焦距都固定不变，而拍摄对象可以是静态的，也可以是动态的。固定镜头在短视频拍摄中很常用，可以在固定的框架下，长久地拍摄运动或静态的事物，从而凸显事物的变化。例如，很多产品的短视频通过固定镜头来展示产品的外观、性能等，如图 4-63 所示。

图 4-63　固定镜头拍摄的芒果短视频

### 1. 作用

拍摄固定镜头比拍摄运动镜头简单，而且固定镜头的作用也很多。

（1）满足用户需求。固定镜头拍摄的视频画面通常有一个相对稳定的边框，能突出视频画面中的拍摄对象，并提供一些关键信息，能够满足用户停留细看的视觉要求。

（2）突出特性。固定镜头可以通过中景、近景或特写的拍摄，展示拍摄对象的各种外观细节，特别是在产品展示类短视频中，固定镜头更容易体现产品的性能特征或营销卖点。

（3）介绍环境。固定镜头具有介绍环境的功能，一是可以清晰还原拍摄现场的环境，二是交代拍摄对象与环境的关系，达到突出产品特性、吸引用户的目的。例如，要表现鸡肉健康、自然的特点，可以使用固定镜头拍摄一段鸡在自然环境中喂养的视频画面，如图 4-64 所示；要体现西红柿天然生长的卖点，可以使用固定镜头拍摄一段西红柿在种植园沐浴阳光的视频画面。

（4）展示视频节奏。固定镜头能够客观反映拍摄对象的运动速度和变化。例如，在拍摄羽绒服的雪天外景时，固定镜头会记录下纷飞的雪花以及逐渐落满雪花的羽绒服的变化状态，反衬羽绒服的保暖特性。

（5）强化视频画面的动态效果。固定镜头可以借助固定的镜头来强化视频画面的动态效果，例如，拍摄橘子展示短视频时，使用固定镜头拍摄了一段果农用手挤橘子、果汁飞溅的视频画面，如图 4-65 所示，能带给用户极强的视觉冲击，体现产品果肉饱满、甜美多汁的卖点。

（6）展示变化效果。固定镜头可以完整呈现漫长的过程，以凸显变化，例如，拍摄拼装玩具的短视频时，可以用固定镜头完整记录玩具的拼装流程，使用快进播放的形式展示给用户，如图 4-66 所示，用户可以将其作为使用指南。

图 4-64　固定镜头拍摄的环境　　图 4-65　固定镜头拍摄的产品　　图 4-66　固定镜头拍摄的变化

**知识拓展**

固定镜头还具有交代关系的作用，能够通过人物的对话、动作和表情等，展现出复杂的人物关系。另外，固定镜头还能够设置悬念，因为固定镜头具有半封闭性的特点，用户看到的视频画面有限，如果只展示拍摄对象的局部而不展示全貌，就容易引起用户的好奇，促使用户对镜头外的部分产生想象。

### 2. 拍摄技巧

固定镜头存在视点单一、构图缺乏变化、难以呈现曲折环境等局限，所以，可以运用一些技巧来提高固定镜头拍摄的短视频的质量。

（1）动静对比。固定镜头中较为重要的表现手法就是动静对比，通常是画面主体动，参照物和背景不动。如果视频画面中大部分物体在运动，那么静止的物体反而更容易引起用户注意。

（2）展现纵深空间。相对于图片，视频画面更能展示三维空间，即具备纵深属性，在运用固定镜头拍摄时，可以充分展现纵深空间，也就是要使画面中包含前景、中景和背景 3 个层次。图 4-67 所示的使用固定镜头拍摄的视频

图 4-67 使用固定镜头拍摄的视频画面

画面中，产品处于中心位置，其他陪体的前后关系清晰，层次递进，形成了一个非常广阔的纵深空间，更加容易突出拍摄主体。

（3）内容连贯。使用固定镜头拍摄短视频要注意内容的连贯性，包括情节的连贯、情感的连贯，以带给用户更好的观看体验。使用固定镜头拍摄短视频时，可以通过设计有关联性的动作、有前后变化的景别等来加强内容之间的连贯性。

（4）准备固定装置。固定镜头对稳定性有较高要求，所以需要为拍摄设备准备好固定装置，如脚架或稳定器等。

（5）注意补光。拍摄短视频需要确保拍摄对象能在视频画面中清晰呈现，所以，在室内使用固定镜头拍摄时，最好使用补光灯进行人工补光，从而保证光线充足。

## （二）运动镜头

运动摄像是指通过拍摄设备机位的运动，或改变镜头焦距而进行的拍摄，运动摄像拍摄的视频画面叫运动镜头。短视频拍摄中常用的运动镜头有推镜头、拉镜头、摇镜头、移镜头、跟镜头、升降镜头和 360° 环拍镜头等。

### 1. 推镜头

推是在拍摄对象不动的情况下，拍摄设备匀速接近并向前推进的拍摄方式，如图 4-68 所示，用这种方式拍摄的视频画面被称为推镜头。推镜头的取景范围由大变小，形成由远及近连续递进的视觉前移效果，给用户一种视觉焦点前移的感觉。

图 4-68 推镜头拍摄的水果

（1）作用。

推镜头主要用于突出拍摄对象。

① 推镜头可以从特定环境中突出产品的某个细节或重要卖点，使视频画面更具说服力。

② 推镜头可以介绍整体与局部、客观环境与拍摄对象之间的关系。

③ 推镜头能加强拍摄对象的动感，给人一种其运动速度加快了的错觉。

④ 推镜头的速度快慢可以影响视频画面的节奏，从而引导用户的情绪。例如，推镜头缓慢而平稳，可以营造出安宁、幽静或神秘等氛围；推镜头急速而短促，则可以营造出活跃、欢快的气氛，或产生激动、快乐的情绪。

（2）拍摄技巧。

使用推镜头拍摄短视频也有一定的技巧。

① 落幅画面是重点。推镜头通常分为起幅（运动镜头开始的画面）、推进和落幅（运动镜头结束的画面）3 个部分，但推镜头的拍摄重点是落幅。例如，拍摄服装时，应将落幅停留于服装的细节、品牌标志等上，突出服装的卖点或品牌等。

② 保证推镜头的操作。起幅通常为 5 秒以上，以为后续操作留下足够的时间；推进要保证稳、准、匀、平；落幅要体现出与起幅的景别差异。

③ 保证拍摄主体的中心位置。拍摄主体在镜头推进过程中应始终处于画面中心的位置。

④ 推镜头的速度要与拍摄对象的风格、视频画面的节奏一致。推镜头的速度应与短视频的内容相契合。例如，拍摄旗袍短视频时，使用缓慢平稳推进的推镜头，既可以带给用户视觉上的享受，又能表现出旗袍典雅、优美的产品风格。

**2. 拉镜头**

拉是在拍摄对象不动的情况下，拍摄设备匀速远离并向后拉远的拍摄方式，如图 4-69 所示，用这种方式拍摄的视频画面被称为拉镜头。与推镜头正好相反，拉镜头能形成视觉后移效果，且取景范围由小变大，景别由近及远。

（1）作用。

拉镜头常用于表现拍摄对象和周围环境之间的关系。

① 拉镜头可以通过纵向空间和纵向方位上的画面变化形成对比、反衬等效果。

② 从视觉感受上来说，拉镜头往往有一种远离感、谢幕感、退出感和结束感，因此，拉镜头可以作为结束性和结论性镜头放置在视频最后。

图 4-69    拉镜头拍摄的鲜花

③ 拉镜头由起幅、拉出和落幅 3 部分组成，通常拉镜头起幅画面的背景不容易展示出来，所以，拉镜头在影视剧中常被用作转场镜头，而在产品展示类短视频中则常被用作开场镜头。

（2）拍摄技巧。

拉镜头与推镜头在拍摄设备的运动方向上正好相反，但二者的拍摄技巧大致相同，这里不再赘述。

### 3. 摇镜头

摇是在拍摄设备位置固定的情况下，以该设备为中轴固定点，通过拍摄设备本身的水平或垂直移动进行拍摄，用这种方式拍摄的视频画面被称为摇镜头。摇镜头类似于人转动头部环顾四周或将视线由一点移向另一点的视觉变化。摇镜头包含起幅、摇动和落幅 3 个部分，主要表现拍摄对象的动态、动势、运动方向和运动轨迹。摇镜头通常用于拍摄视野开阔的场景及群山、草原、沙漠、海洋等宽广的景物。另外，摇镜头也常用于拍摄产品短视频，例如，利用水平摇镜头拍摄对开门冰箱开门后的视频画面，如图 4-70 所示。

图 4-70    摇镜头拍摄的冰箱开门后的视频画面

（1）作用。

摇镜头的功能强大，在各类短视频的拍摄中经常使用。

① 摇镜头将视频画面向四周扩展，扩大了视觉张力，使空间和视野更加开阔。例如，拍摄水果或粮食相关的短视频时，可以使用远景摇镜头展示果园或农田的美丽风景；拍摄家电相关的短视频时，可以用摇镜头拍摄家具和家电陈设场景的视频画面，将用户带到特定的产品应用场景中。

② 横摇镜头可以拍摄超宽、超广的物体，特别是在中间有障碍物、不能近距离拍摄的场景中；

纵摇镜头可以拍摄超高、超长的物体或景物，能够完整而连续地展示其全貌。

③ 摇镜头可以将两个物体联系起来表示某种暗喻、对比、并列、因果关系，暗示或提醒用户注意两者间的关系，使用户随着镜头的运动而思考。例如，摇镜头从溪水潺潺的小河到河边包装精美的小鱼干零食，提示用户小鱼干产自天然环境，健康、原生态。

④ 利用非水平的倾斜摇镜头、旋转摇镜头，可以从更多的角度展示拍摄对象。例如，旋转摇镜头可以影响用户观看视频画面时的心理平衡，造成一种身临其境的感觉，如图4-71所示。

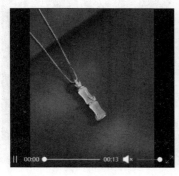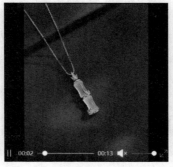

图4-71 旋转摇镜头拍摄的饰品

⑤ 在一个稳定的起始视频画面后，利用极快的摇镜头可以使视频画面中的形象全部虚化，表现拍摄对象的动态、动势、运动方向和运动轨迹。摇镜头在动物或体育竞技类的短视频中比较常见，也可以用于需要产生位移效果的产品展示类短视频。

⑥ 对一组相同或相似的拍摄对象（如厨房中的家电），使用摇镜头逐个呈现，可形成一种积累的效果。

⑦ 用摇镜头拍摄的视频画面中可以加入与整体环境不协调的物体，以制造悬念。例如，使用摇镜头拍摄居家环境，先是时尚、洁净的客厅，然后是干净的地板上突然出现垃圾，最后是墙角智能扫地机开机启动的视频画面。

⑧ 摇镜头是视频画面转场的有效手法之一，可以通过空间的转换、画面主体的变换，引导用户视线由一处转到另一处，完成注意力和兴趣点的转移。

⑨ 摇镜头的速度会直接影响用户对两个物体之间空间距离的把握。慢摇可以让现实中两个相距较近的物体在视频画面中表现得相距较远；反之，快摇可以让现实中两个相距较远的物体，在画面中表现得相距较近。

（2）拍摄技巧。

使用摇镜头拍摄短视频主要有两个需要掌握的技巧。

① 明确拍摄目的。摇镜头通常会让用户对后面的视频画面产生某种期待，因此，使用摇镜头一定要有目的性，即落幅画面与起幅画面之间要有一定的联系，否则，用户的期待就会变成失望和不满，影响对拍摄对象的认知。

② 过程要完整。只有完整的摇镜头才能表达出视频画面的美感，通常使用摇镜头拍摄时应当体现视频画面的运动平衡，起幅、落幅要准确，拍摄速度要均匀，间隔时间要充足。

#### 4. 移镜头

移是指将拍摄设备架在活动物体上，随之运动而进行的拍摄，用这种方式拍摄的视频画面被称为移动镜头，简称移镜头。拍摄设备的运动使得视频画面始终处于运动中，拍摄对象不论处于运动还是静止状态，都会呈现出位置不断移动的态势。移镜头能让用户产生运动的视觉感受，并产生一种身临其境之感和强烈的变化感，如图 4-72 所示。

图 4-72　移镜头拍摄的长裙

移镜头与摇镜头十分相似，但其带来的视觉效果更为强烈，无论在影视剧中还是在短视频中都经常使用。移镜头有水平方向的前后移动和左右移动，以及随着复杂空间变化的曲线移动等。移镜头拍摄需要保证视频画面的稳定性，可以通过铺设滑轨或安装稳定器来解决。

#### 5. 跟镜头

跟是拍摄设备始终跟随拍摄对象一起运动的拍摄方式，用这种方式拍摄的视频画面被称为跟镜头，如图 4-73 所示。根据拍摄设备所处位置的不同，跟镜头通常分为前跟、后跟和侧跟 3 种类型。与移镜头不同，跟镜头拍摄出来的视频画面通常是不稳定的，但是要一直使拍摄对象保持在视频画面中且位置相对稳定。跟镜头既能突出拍摄对象，又能交代其运动方向、速度、体态，以及与环境之间的关系，在短视频拍摄中有着重要的纪实性意义。

图 4-73　跟镜头拍摄的运动鞋

（1）作用。

跟镜头拍摄的短视频更容易让用户对视频画面产生现场感和真实感。

① 后跟类型的跟镜头拍摄的视频画面的视觉方向和拍摄对象的行动轨迹是一致的，能让用户的视线跟着拍摄对象一起移动，为用户带来强烈的现场感。

② 跟镜头拍摄的视频画面不仅能让用户仿佛置身于现场，成为事件的"目击者"，而且还能客观记录此情此景下发生的事件，增强视频画面的真实性。

（2）拍摄技巧。

使用跟镜头拍摄短视频时同样需要掌握一些拍摄技巧。

① 跟镜头一定要紧跟拍摄对象，否则视频画面会产生一种游离感。

② 跟镜头应当在背景影调略深的场景中应用，这样才会让拍摄对象看起来比较明亮且与背景分离，通常采用逆光拍摄的效果更好。

③ 跟镜头拍摄时，拍摄设备运动的速度与拍摄对象的运动速度要保持一致，避免出现拍摄对象离开视频画面，然后再次出现在视频画面中的情况。

### 6. 升降镜头

升降是拍摄设备借助升降装置等一边升降一边拍摄的方式，用这种方式拍摄的视频画面被称为升降镜头，如图 4-74 所示。升降镜头能带来画面视域的扩展和收缩，并由于视点的连续变化而形成多角度、多方位的视觉效果。

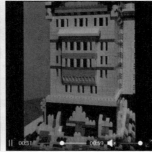

图 4-74 升降镜头拍摄的拼装玩具

升降镜头包括垂直升降、弧形升降、斜向升降和不规则升降等多种方式，拍摄时一定要控制好速度和节奏。通常，升降镜头在短视频拍摄中主要有以下作用。

（1）升降镜头有利于表现高大物体的各个局部，以及纵深空间的点面关系。

（2）升降镜头常用于展示场面的规模、气势和氛围，也可近景展示人物或产品的全貌。例如，使用升降镜头拍摄展示服装上身效果的短视频，随着镜头的升高，视频画面将从下到上完整展示模特的服装上身效果，如图 4-75 所示。

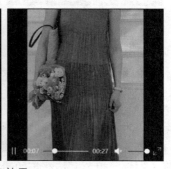

图 4-75 升降镜头拍摄的服装上身效果

（3）升降镜头有助于实现一个镜头内的内容转换与调度。

（4）升降镜头的升降运动可以表现出短视频内容的情感变化。

### 7. 360° 环拍镜头

旅行类和电商类短视频中经常出现环绕拍摄对象拍摄的视频画面，这类镜头非常酷炫，但比较难拍。360° 环拍镜头通常以拍摄对象为中心，围着拍摄对象以一个相对固定的半径画圆来进行拍摄，这样在最终呈现给用户的视频画面中能看清拍摄对象周围的环境，立体感十足，使用户有一种亲身体验之感，并留下深刻的印象，如图4-76所示。

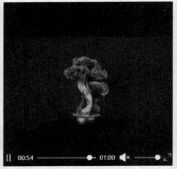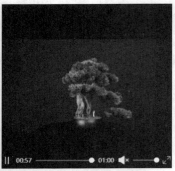

图 4-76　360° 环拍镜头拍摄的盆栽摆件

拍摄 360° 环拍镜头时首先要保证拍摄设备环绕移动平稳，然后还要确保拍摄对象始终处于圆心。拍摄短视频时，可以借助辅助工具来实现 360° 环拍镜头。例如，利用无人机或手持稳定器拍摄360° 环拍镜头。目前有一种专门用于360° 环拍的转盘，模特站在转盘中或将产品放置在转盘上，可以实现360° 环拍，如图4-77所示。

图 4-77　360° 环拍转盘

### （三）其他镜头

除固定镜头和运动镜头外，还有一些用于加强视频画面表现力的镜头。

### 1. 主客观镜头

主观镜头大多出现在剧情、旅行等类型的短视频中，产品展示类短视频则以客观镜头为主。

（1）主观镜头。凡是在短视频中代表人物的眼睛，直接目击、观察人和事、景和物，或者表现人物的幻觉、想象、情绪等的镜头，都是主观镜头。其主要功能是增加用户的代入感，让用户产生身临其境的视觉体验，起到渲染情绪的作用。

（2）客观镜头。从第三者的角度（以中立的态度）来叙述和表现的镜头，统称为客观镜头。客观镜头通常直接模拟摄影或用户的眼睛，客观地描述人物活动和情节发展。电商相关的短视频中多从摄像的角度将产品展示给用户，属于客观镜头。

### 2. 空镜头

空镜头是指视频画面中只有景物没有人物或事物（产品）的镜头。空镜头的主要作用是介绍环境背景和时间、空间，抒发人物情绪及表达内容创作者的态度，也是加强短视频艺术表现力的重要手段。空镜头有写景和写物之分，前者统称为风景镜头，往往用全景或远景表现；后者又被称为"细节描写"，一般用近景或特写表现。

在广告类短视频拍摄中，一般在开头或结尾使用空镜头，在开头使用空镜头可以展示产品的生产、使用环境，在结尾使用空镜头可以让用户产生联想。例如，农产品短视频中，开头展示蔬菜大棚或果园的空镜头，如图 4-78 所示，向用户展示农产品的生产环境，同时也体现农产品绿色、原生态和新鲜等卖点。

图 4-78　农产品短视频开头的空镜头

### 3. 长镜头

长镜头就是用一段较长的时间，对一个场景或一项内容进行连续拍摄，形成一个比较完整的镜头段落。通常超过 10 秒的镜头可以称为长镜头。长镜头所记录的时空是连续的、实际的，所表现的事态的进展也是连续的，具有很强的真实性。

（1）作用。

长镜头用于真实地体现时间和空间的完整性，在具体应用中，主要有以下作用。

① 形成更真实的感受。很多产品的短视频会使用长镜头拍摄，让用户真切地感受到真实的生活场景，并展示产品在日常生活中的应用，增强代入感。

② 具有更加开放的观看视角。长镜头把拍摄的事物客观地展示出来，用户可以从视频画面中获得更多信息，形成更开放的视角。

③ 表现人物的内心世界。短视频中人物的情感、行为大多与所处的环境有着密切联系，而长镜头有助于用户对人物形成更全面的理解。

④ 展示群像。长镜头可以展示某个场景中所有人物或事物当时所处的位置和状态，使整个视频画面具有整体性和完整性。

（2）类型。

长镜头又分为固定长镜头、景深长镜头和运动长镜头 3 种类型。

① 固定长镜头。固定长镜头就是连续拍摄一个场面所形成的长镜头。例如，服装相关的短视频中就经常使用固定长镜头拍摄，如图 4-79 所示。

图 4-79　服装短视频中的固定长镜头

② 景深长镜头。景深长镜头就是采用短焦距拍摄的长镜头。一个景深长镜头实际上是由一组远景、全景、中景、近景和特写组合起来的视频画面，在短视频中不常用。

③ 运动长镜头。运动长镜头就是利用推、拉、摇、移和跟等运动镜头拍摄的多景别、多拍摄角度变化的长镜头。

（3）拍摄技巧。

拍摄长镜头不是一项简单的工作，需要摄像提前熟悉拍摄现场，包括演员走位、场景布置、灯光照明等，并掌握一些拍摄技巧。

① 时间不能太长。短视频本来就要求在较短的时间内展示精彩的内容，如果长镜头时间太长，容易让用户产生视觉疲劳，失去兴趣。

② 设置好镜头的起始位置和移动轨迹。拍摄前要提前设置好镜头的起始位置和整个镜头的移动轨迹等，并提前演练，熟悉走位。

③ 注意灯光照明。长镜头对灯光的要求较高，特别是主光，以保证拍摄的视频画面足够清晰。在辅助设备的选择上，通常可以使用便携式 LED 补光灯、反光板，或在暗处隐藏灯光，以满足长镜头的灯光需求。

### 4. 俯视和仰视镜头

俯视镜头和仰视镜头是两种方向相反的镜头，在拍摄设备的支持下，这两种镜头又演变出鸟瞰镜头和俯仰镜头。

（1）俯视镜头。俯视镜头是拍摄设备向下拍摄得到的视频画面。俯视镜头会让拍摄对象显得微小，降低了威胁性。食品短视频经常使用俯视镜头，能增强用户主观视角的优越性并增加用户食欲，如图 4-80 所示。

（2）仰视镜头。仰视镜头是拍摄设备向上拍摄得到的视频画面。仰视镜头可使拍摄对象看起来强壮有力，显得崇高、充满威严。顶灯短视频经常使用仰视镜头，如图 4-81 所示。

（3）鸟瞰镜头。鸟瞰镜头与俯视镜头类似，是俯视镜头的技术加强版。鸟瞰镜头的拍摄位置更高，通常使用无人机拍摄，能带来壮观的视觉感受。无人机短视频中经常用到鸟瞰镜头，如图 4-82 所示。

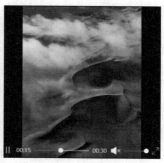

| 图 4-80　俯视镜头 | 图 4-81　仰视镜头 | 图 4-82　鸟瞰镜头 |

（4）俯仰镜头。俯仰镜头其实是俯视镜头和仰视镜头的结合，是将拍摄设备从低处的俯视位置慢慢移动到高处变成仰视拍摄。例如，把对准地面拍摄的拍摄设备慢慢向上倾斜，直至拍摄到拍摄对象的全貌，如图 4-83 所示，这样的镜头可以展现拍摄对象的高大，以及凸显拍摄对象在四周环境中的独特性。

图 4-83　拍摄俯仰镜头

> ⏰ **提示**
>
> 拍摄影视剧时，还会使用双人镜头、荷兰式上下直摇镜头等，但这些运镜方式较少在电商相关的短视频中使用。

## 二、镜头节奏

节奏也属于美学范畴，短视频的镜头节奏体现并不依靠单一视频画面的构成，也不单独依靠镜头的切换来实现。镜头节奏通常是故事情节、背景音乐、字幕和人物动作等多种因素综合的结果。而拍摄短视频就需要在综合多种因素的条件下，有目的地配合短视频主题，将多个镜头组合和连接起来，使主题突出，视频画面张弛有度、详略得当。

### （一）镜头节奏的规律

短视频是由一个个独立的镜头组成的，按照不同的规律将镜头连接起来，就能为短视频设置不同的节奏。

（1）动接动、静接静。如果短视频画面中同一主体或不同主体的动作是连贯的，那么动作镜头可以组接动作镜头，这简称为"动接动"。如果两个短视频画面中的主体运动是不连贯的，或者中间有停顿，那么这两个镜头的组接必须在前一个画面的主体做完一个完整动作并停止后，接一个从静止到开始运动的镜头，这简称为"静接静"。运动镜头和固定镜头组接就需要遵循"静接静"的规律。例如，拉镜头组接固定镜头，拉镜头就要有一个落幅；固定镜头组接跟镜头，跟镜头就要有一个起幅。

（2）渐进式景别变化。在同一个场景拍摄短视频时，通过渐进式的景别变化来组接镜头，这样拍摄出来的视频画面会显得更加自然和顺畅。例如，拍摄服装短视频时，运用推镜头展示服装扣子，镜头节奏通常为先中景拍摄服装局部，然后再近景拍摄扣子部位，最后特写扣子，如果直接从中景到特写，就显得有些突兀。

（3）时长规律。通常情况下，特写传递的信息比远景少，用户观看远景就需要花更多的时间，所以，特写镜头的时长应该比远景镜头的短。同理，在色彩渲染上，高明度容易吸引用户的目光，而低明度则需要用户花费更多时间来辨析，所以，高明度镜头的时长就应该比低明度镜头的短，这样才能达到视觉的平衡与和谐。

（4）轴线规律。轴线规律是指在拍摄一组互相衔接的镜头时，拍摄设备的拍摄方向应始终限制在轴线的一侧，与视频画面的运动方向保持一致，如图 4-84 所示。否则，一旦拍摄设备到轴线的另一侧去拍摄（称为越轴），前后两个视频画面组接在一起，会让用户产生混乱感，扰乱用户对拍摄对象在视频画面中关系、位置和方向的判断，甚至使用户不能完全理解画面内容。

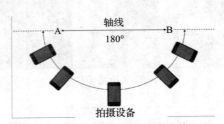

图 4-84　短视频拍摄中的轴线俯视图

### （二）镜头组接的方法

镜头组接通常是指将单独的镜头画面有逻辑、有构思、有意识、有创意和有规律地连贯在一起，就形成了镜头组接。拍摄短视频时，可以通过不同的镜头组接方法来形成镜头节奏。

（1）连接组接。连接组接是指将表现同一画面主体的，前后画面有关联的两个或两个以上的一系列镜头组接在一起，用来表现拍摄对象的多面。例如，拍摄破壁机短视频时，拍摄了将 4 种不同食材放入破壁机的镜头，将其组接在一起，并在下一个镜头展示了 4 种食材的制作效果，充分展示了破壁机一机多用的卖点，如图 4-85 所示。

（2）队列组接。队列组接是指将非同一画面主体，但前后画面有关联的两个或两个以上的一系列镜头组接在一起，用于表现拍摄对象的变化，起到上下呼应、前后对比或隐喻烘托的作用。

图 4-85　连接组接

（3）景物镜头组接。景物镜头组接是指两个镜头之间以景物作为过渡的组接方式，可以用在广告类短视频的拍摄中。景物镜头组接的画面主体是景，其余为陪体，视频画面虽然是展现不同的地理环境和景物风貌，以此表现时间和季节的变化，但目的都是通过艺术手法来展现产品的卖点或表达某种思想感情。

（4）同镜头分析。同镜头分析是指在短视频中多处反复使用同一个镜头，往往是为了强调产品的某个特点，或首尾呼应，或强调某一视频画面特有的象征意义。

（5）插入镜头组接。插入镜头组接是指在某个镜头中切入另一个画面主体的镜头。例如，拍摄无人机短视频时，拍摄一个无人机摄像头的镜头，然后插入一个镜头无人机从空中拍摄的视频画面，以展示无人机摄像头的优秀摄像效果，如图 4-86 所示。

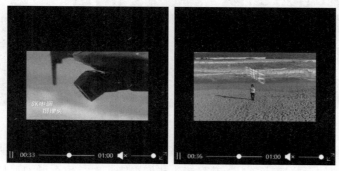

图 4-86　插入镜头组接

（6）两极镜头组接。两极镜头组接是指特写镜头和全景镜头相互切换的组接方式，以营造动静转换的节奏变化，带给用户强烈的视觉冲击。

（7）闪回镜头组接。闪回镜头组接通常是指在叙事的过程中插入回忆的视频画面，这种组接方式通常被用于表达人物内心情绪的变化。

（8）动作组接。动作组接通常是利用人物、动物或交通工具等的动作或动势的可衔接性、连贯性或相似性，将两个或两个以上的镜头组接在一起。例如，咖啡机短视频为了展示一键制作美味咖啡的卖点，将按键和制作出咖啡两个动作的镜头组接在一起，如图4-87所示。

图4-87　动作组接

（9）特写镜头组接。特写镜头组接是指相连的两个镜头，前一个镜头以特写为落幅，后一个镜头以特写为起幅的组接方式，能让用户的视野产生由近及远、由小及大的变化。

---

 **知识拓展**

　　短视频还有一些镜头组接方法，如拼接（用同样或相同的镜头组接）、黑白格组接（在镜头中用白色、黑色画格代替一些特殊的视觉效果）、多屏画面组接（将视频画面一分为多，双重或多重镜头齐头并进）等。

---

### （三）其他设置镜头节奏的方法

拍摄短视频时，调整景别、运镜方式和镜头时长也可以使镜头之间富有节奏。

（1）设置不同的景别。拍摄短视频时，尽量避免过多地使用单一景别，特别是在拍摄产品展示类短视频时，设置不同景别可以使视频画面更富节奏感。例如，拍摄灯具短视频时，不要总是采用近景和特写来拍摄，可以通过全景或中景等景别的变化来突出短视频的节奏，如图4-88所示。

图4-88　灯具短视频中的近景（左）、特写（中）和全景（右）

（2）设置多种运镜方式。改变运镜方式能够赋予视频画面更多的内涵，就像在拍摄产品展示类短视频时，适当地加一些运动镜头、升降镜头或仰视镜头等，也会增加视频画面的新鲜感和节奏感。

（3）控制镜头时长。控制镜头时长也是调整节奏的方式之一。如果短视频的内容较多，某一镜头的时长太长，就容易降低用户的兴趣，这时就需要精简该镜头的内容，缩短时长；如果某一镜头的时长较短，但内容精彩，就需要适当延长这个镜头的时长。

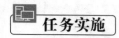

## 任务实施

### 🖐任务演练 1：拍摄室内的女士羽绒服短视频

**【任务目标】**

根据设计好的拍摄方法，使用竖屏拍摄的方式，在分镜头脚本中加入一些能够展示女士羽绒服特点的运镜方式，完成室内的女士羽绒服短视频拍摄工作。

**【任务要求】**

本次任务的具体要求如表 4-8 所示。

表 4-8　　　　　　　　　　　　　　　　　　任务要求

| 任务编号 | 任务名称 | 任务指导 |
| --- | --- | --- |
| （1） | 完善分镜头脚本 | 在分镜头脚本中添加运镜方式，以固定镜头为主，推镜头、拉镜头和摇镜头为辅 |
| （2） | 拍摄短视频 | 根据完善后的短视频分镜头脚本，拍摄室内的短视频 |

**【操作过程】**

**1. 完善分镜头脚本**

小赵根据女士羽绒服短视频室内拍摄的特点，设计了以固定镜头为主，推镜头、拉镜头和摇镜头为辅的运镜方式，并将其添加到分镜头脚本中，如表 4-9 所示。

表 4-9　　　　　　　　　　《女士羽绒服展示（室内）》分镜头脚本

| 镜号 | 景别 | 运镜方式 | 拍摄角度 | 构图方式 | 画面内容 | 时长 |
| --- | --- | --- | --- | --- | --- | --- |
| 1 | 全景 | 固定镜头 | 正面拍摄 | 中心构图 | 展示羽绒服正面 | 4 秒 |
| 2 | 全景 | 固定镜头 | | | 展示羽绒服背面 | 4 秒 |
| 3 | 中景 | 固定镜头 | | | 展示羽绒服正面 | 4 秒 |
| 4 | 中景 | 固定镜头 | | | 展示羽绒服背面 | 4 秒 |
| 5 | 中景 | 拉镜头 | | | 展示羽绒服 | 4 秒 |
| 6 | 中景 | 推镜头 | | | 展示羽绒服左侧 | 4 秒 |
| 7 | 近景 | 摇镜头 | | | 展示羽绒服正面 | 4 秒 |
| 8 | 近景 | 推镜头、拉镜头 | | | 展示羽绒服右侧 | 4 秒 |
| 9 | 近景 | 摇镜头 | | | 展示羽绒服左侧 | 4 秒 |

**2. 拍摄短视频**

小赵根据短视频的分镜头脚本，拍摄室内部分的镜头，具体操作如下。

（1）拍摄镜号 1。模特面对镜头，双手插兜，右手伸出将羽绒服毛领拢向脸部，左手伸出，双手拢毛领，垂眸，如图 4-89 所示。

（2）拍摄镜号 2。模特背对镜头，戴上羽绒服的帽子，如图 4-90 所示。

（3）拍摄镜号 3。模特双手拢住毛领，然后放下双手，插入衣服两侧的衣兜，并微微侧身面向镜头，如图 4-91 所示。

（4）拍摄镜号 4。模特背对镜头，向后走两步，双手插入衣兜中，如图 4-92 所示。

图 4-89　镜号 1　　　图 4-90　镜号 2　　　图 4-91　镜号 3　　　图 4-92　镜号 4

（5）拍摄镜号 5。模特面对镜头，右手拢毛领，身体转动，放下右手，双手插入衣兜中，继续转动，双手伸出，右手抬起再次触摸毛领，然后左手也抬起触摸毛领，垂眸，如图 4-93 所示。

（6）拍摄镜号 6。模特侧身，双手抬起至胸前合十，如图 4-94 所示。

（7）拍摄镜号 7。镜头垂直从上向下摇，模特右手抬起拢毛领，左手接着拢毛领，然后左手自然放下，右手顺着羽绒服正中慢慢放下，双手抬起抓住胸前的帽绳，如图 4-95 所示。

（8）拍摄镜号 8。模特侧身，先是推镜头，模特右手抬起抓住帽绳，然后是拉镜头，模特放下帽绳，双手插兜，如图 4-96 所示。

图 4-93　镜号 5　　　图 4-94　镜号 6　　　图 4-95　镜号 7　　　图 4-96　镜号 8

（9）拍摄镜号 9。镜头垂直从上向下摇，模特双手拢毛领，先放右手，再放左手，然后双手插入衣兜中（配套资源：\效果文件\项目四\任务二\羽绒服短视频（室内）\镜头 1～9.mp4）。

## 任务实施

### 任务演练 2：拍摄室外的女士羽绒服短视频

【任务目标】

根据设计好的拍摄方法，使用横屏拍摄的方式，在分镜头脚本中加入一些能够展示女士羽绒服上身效果的运镜方式，完成室外的女士羽绒服短视频拍摄工作。

【任务要求】

本次任务的具体要求如表 4-10 所示。

表 4-10　　　　　　　　　　　　　　　　任务要求

| 任务编号 | 任务名称 | 任务指导 |
|---|---|---|
| （1） | 完善分镜头脚本 | 在分镜头脚本中加入运镜方式，以运动镜头为主，固定镜头为辅，运动镜头包括推镜头、拉镜头、移镜头和升降镜头 |
| （2） | 拍摄短视频 | 根据完善后的短视频分镜头脚本，拍摄室外的短视频 |

【操作过程】

### 1. 完善分镜头脚本

小赵设计了室外拍摄的运镜方式，并将其添加到分镜头脚本中，如表 4-11 所示。

表 4-11　　　　　　　　　　《女士羽绒服展示（室外）》分镜头脚本

| 镜号 | 景别 | 运镜方式 | 拍摄角度 | 构图方式 | 画面内容 | 时长 |
|---|---|---|---|---|---|---|
| 1 | 全景、中景、近景 | 推镜头 | 斜侧面拍摄 | 中心构图 | 展示羽绒服正面 | 4 秒 |
| 2 | 中景 | 移镜头 | 正面拍摄 | 中心构图、三分构图 | 全面展示羽绒服 | 10 秒 |
| 3 | 近景 | 移镜头 | 正面拍摄 | 三分构图 | 展示羽绒服正面 | 5 秒 |
| 4 | 近景 | 拉镜头、升降镜头 | 正面拍摄 | 中心构图 | 展示羽绒服左侧 | 5 秒 |
| 5 | 全景、中景、近景 | 推镜头、固定镜头 | 斜侧面拍摄 | 中心构图、三分构图 | 全面展示羽绒服 | 12 秒 |

### 2. 拍摄短视频

小赵根据短视频的分镜头脚本，拍摄羽绒服短视频，具体操作如下。

（1）拍摄镜号 1。模特站在商店门口，双手插兜，感觉到冷，伸出双手拢了拢毛领，然后双手合十搓了搓，如图 4-97 所示。

（2）拍摄镜号 2。模特右侧对镜头，站在画面右侧三分线上，双手插兜，向左转身，当模特位于三分线上时，开始移镜头拍摄，直到转到正面面对镜头，保证模特位于画面中心，模特双手伸出，将帽子戴上，如图 4-98 所示。

图 4-97　镜号 1　　　　　　　　　　　图 4-98　镜号 2

（3）拍摄镜号 3。模特站在画面右侧三分线上，左手插兜，右手拢毛领，身体微微向右侧转动，右手握住包的肩带，整个过程中略微上下移动镜头。

（4）拍摄镜号 4。拉镜头拍摄，直到模特右手自然放置胸前，开始垂直从上向下升降镜头，模特左手插兜，双手上抬拢毛领，如图 4-99 所示。

（5）拍摄镜号 5。使用推镜头拍摄，模特双手插兜，包搭在左手腕上，伸出双手，整理衣兜，看向镜头，然后固定镜头拍摄，模特左转身向后，向商店走几步，停住，转身看向镜头，左手提包，继续转身，正面面对镜头，后退两步，转身向商店走去，如图 4-100 所示（配套资源：\效果文件\项目四\任务二\羽绒服短视频（室外）\镜头 1～5.mp4）。

图 4-99　镜号 4　　　　　　　　　　　　　　图 4-100　镜号 5

技能练习

在室外拍摄一条剧情类短视频，要求用到空镜头和两种以上的运动镜头。

# 综合实训

## 实训一　拍摄手表展示短视频

**实训目的：** 掌握使用手机拍摄短视频的相关技巧，提高技巧应用的熟练度。

**实训要求：** 本短视频只展示手表外观，要求以突出拍摄对象的近景拍摄为主（配套资源：\素材文件\项目四\综合实训\实训一\手表 1～6.jpg）。在镜头和构图方面，以中心构图为主，辅以三分构图、九宫格构图、对角线构图，并运用摇镜头和固定镜头来突出短视频的节奏，更好地展示手表。布光要突出手表的表盘、底盖和表扣，以水平方向上的顺光和垂直方向上的顶光为主。色彩搭配则要体现手表的精致和高雅，以手表本身的颜色和白色系为主，并降低色彩纯度。

拍摄时则可以参考表 4-12 所示的分镜头脚本。

表 4-12　　　　　　　　　　　　　手表展示短视频的分镜头脚本

| 镜号 | 景别 | 运镜方式 | 拍摄角度 | 构图方式 | 画面内容 | 时长 |
|---|---|---|---|---|---|---|
| 1 | 近景 | 固定镜头 | 正面拍摄 | 中心构图 | 展示手表表盘，秒针走动 | 60秒 |
| 2 | 近景 | 摇镜头 | 正侧面拍摄 | 三分构图 | 手表挂在摆件上，从右向左水平摇镜头，直到手表到达画面右侧三分线 | 9秒 |
| 3 | 近景 | 摇镜头 | 正侧面拍摄 | 三分构图 | 手表挂在摆件上，从左向右水平摇镜头，直到手表到达画面左侧三分线 | 6秒 |

续表

| 镜号 | 景别 | 运镜方式 | 拍摄角度 | 构图方式 | 画面内容 | 时长 |
|---|---|---|---|---|---|---|
| 4 | 近景 | 摇镜头、俯视镜头 | 俯拍 | 三分构图 | 手表扣好放在白色背景台上，表扣面向镜头，从画面左下向右上摇镜头，直到表扣到达画面右侧三分线 | 6 秒 |
| 5 | 近景 | 摇镜头 | 俯拍 | 九宫格构图 | 手表扣好放在白色背景台上，表扣面向镜头，从画面右上向左下摇镜头，直到表扣到达画面右下的黄金分割点处 | 8 秒 |
| 6 | 近景 | 摇镜头 | 俯拍 | 九宫格构图、对角线构图 | 手表平铺在白色背景台上，并作为构图的对角线斜 45° 摆放，从画面右上向左下摇镜头，直到手表表盘到达画面右上的黄金分割点处 | 10 秒 |

**实训思路：**本次实训涉及设计拍摄技巧、设计镜头语言和分镜头拍摄等操作，具体操作思路可参考图 4-101。

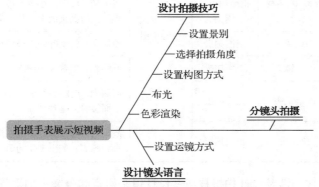

图 4-101　拍摄手表展示短视频的思路

**实训结果：**本次实训完成后的参考效果如图 4-102 所示（配套资源：\效果文件\项目四\综合实训\手表展示\镜头 1~6.mp4）。

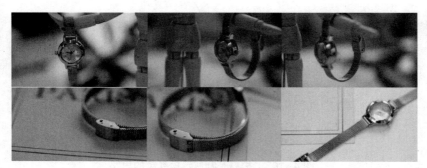

图 4-102　实训参考效果

## 实训二　拍摄茶叶展示短视频

**实训目的：**通过拍摄茶叶展示短视频，进一步巩固短视频拍摄技巧的相关知识。

　　**实训要求**：本次短视频拍摄涉及茶叶的外包装盒和茶叶冲泡效果等内容的拍摄，景别包括中景和近景（配套资源：\素材文件\项目四\综合实训\实训二\茶叶 1～6.jpg）。为了展示冲泡过程，需要用固定镜头拍摄，在展示外包装时，以推镜头、摇镜头和拉镜头为主。布光需要水平方向的顺光和前侧光，以及垂直方向的顶光。为了体现茶叶冲泡后的清澈、透亮，需要增加明度，另外，茶叶的包装以白色为主，需要为其搭配白色系色彩。

　　拍摄时则可以参考表 4-13 所示的分镜头脚本。

表 4-13　　　　　　　　　　　　　茶叶展示短视频的分镜头脚本

| 镜号 | 景别 | 运镜方式 | 拍摄角度 | 构图方式 | 画面内容 | 时长 |
|---|---|---|---|---|---|---|
| 1 | 全景、中景、近景 | 推镜头 | 正面拍摄 | | 展示茶叶盒包装，两支花作为前景 | 13 秒 |
| 2 | 近景 | 摇镜头、俯视镜头 | 正面拍摄、俯拍 | | 两小袋茶叶放在桌上，顶光将花的影子投射到袋子上，从右向左摇镜头 | 12 秒 |
| 3 | 近景 | 摇镜头、俯视镜头 | 正面拍摄、俯拍 | | 将一袋茶叶倒入小盘子里，顶光将花的影子投射到桌面上，从下向上摇镜头 | 7 秒 |
| 4 | 近景 | 固定镜头 | 正面拍摄 | 中心构图 | 前侧光，将茶叶倒入玻璃杯中 | 5 秒 |
| 5 | 近景 | 固定镜头 | 正面拍摄 | | 前侧光，玻璃杯中倒入开水，慢动作 | 38 秒 |
| 6 | 近景 | 固定镜头 | 正面拍摄 | | 前侧光，泡好的茶水，一片茶叶从茶水上面缓慢掉落到杯底 | 13 秒 |
| 7 | 中景、近景 | 拉镜头 | 正面拍摄 | | 泡好的茶叶和茶叶盒放在桌上，拉镜头直到画面右侧出现作为前景的花 | 12 秒 |

　　**实训思路**：本次实训涉及设计拍摄技巧、设计镜头语言和分镜头拍摄等操作，具体操作思路可参考图 4-103。

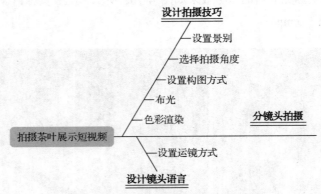

图 4-103　拍摄茶叶展示短视频的思路

　　**实训结果**：本次实训完成后的参考效果如图 4-104 所示（配套资源：\效果文件\项目四\综合实训\茶叶展示\镜头 1～7.mp4）。

图 4-104　实训参考效果

# 巩固提高

1. 举例说明全景、中景和近景的区别是什么。
2. 在视频画面的环境中，前景和背景的作用分别是什么？
3. 短视频的拍摄角度有哪些？
4. 短视频的构图方式中，常用于突出拍摄对象的有哪几种？
5. 简单介绍布光方式中水平方向的常用光位。
6. 简述色彩的 3 个基本属性。
7. 简述常用的运动镜头。
8. 举例说明镜头节奏中的轴线规律。

# 短视频剪辑

## 学习目标

**【知识目标】**

1. 熟悉常用的短视频剪辑软件，掌握常见的短视频剪辑手法。
2. 掌握为短视频调色，添加背景音乐、音效和字幕的操作方法。

**【技能目标】**

1. 具备剪辑各类短视频的能力，能够综合使用多种剪辑手法修饰短视频。
2. 具备美化和修饰短视频的能力，能够通过设置色彩、声音和字幕增加短视频的表现力。

**【素养目标】**

培养对待工作一丝不苟、执着专注、精益求精的态度，能够从中华优秀传统文化中汲取营养，并推陈出新，创作出能够满足人民群众精神需求的优质短视频。

## 项目导读

短视频剪辑是指将拍摄的大量视频素材，经过分割、删除、组合等操作，最终形成一个情节连贯、立意明确、主题鲜明并具有艺术感染力的短视频的过程。小赵对短视频的策划工作已经比较熟悉，而且组建的短视频团队也圆满完成了多条短视频的拍摄任务，老李觉得可以进入下一个阶段的培训了。老李决定将两条短视频的剪辑工作交给小赵，一条是为某宠物用品品牌拍摄的猫粮推广短视频，另一条是为某水果网店拍摄的水果主图短视频。老李让小赵使用不同的剪辑软件和剪辑手法剪辑短视频，并执行调色、添加背景音乐和字幕等操作，以提升小赵的短视频剪辑能力。

## 任务一　裁剪和组合短视频

### 任务描述

小赵在熟悉短视频的常用剪辑软件和剪辑手法后，分别使用两种不同的剪辑软件来裁剪和组合这两条类型不同的短视频。小赵填写了任务单（见表5-1），并正式开始工作。

表 5-1　　　　　　　　　　　　　　　　　　任务单

| 任务名称 | 裁剪和组合短视频 | |
|---|---|---|
| 任务背景 | 两条短视频已经拍摄完成，但不能将拍摄好的视频素材直接组合成短视频，而是需要对这些视频素材进行裁剪和组合，使内容完整，时长符合短视频的要求 | |
| 任务类别 | □理论学习　　□内容策划　　□视频拍摄　　□技巧应用　　■视频剪辑　　□运营推广 | |
| **工作任务** | | |
| **任务内容** | **任务说明** | |
| 任务演练 1：剪辑猫粮推广短视频 | 【剪辑软件】剪映<br>【剪辑手法】标准剪辑、J Cut | |
| 任务演练 2：剪辑水果主图短视频 | 【剪辑软件】Premiere Pro 2020<br>【剪辑手法】标准剪辑 | |

任务总结：

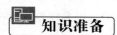 知识准备

## 一、短视频剪辑软件

短视频剪辑软件有很多，通常根据剪辑设备的不同，分为移动端的短视频剪辑软件和 PC 端的短视频剪辑软件两种类型。

### （一）移动端的短视频剪辑软件

移动端的短视频剪辑软件是指能够在手机或平板电脑中使用的剪辑软件，常用的有剪映、秒剪和巧影等。移动端短视频剪辑软件使用方便和快捷，操作也比较智能化，可应用软件自带的特效模板，轻松制作出酷炫的短视频。

（1）剪映。剪映是一款比较全能的短视频剪辑 App，具备视频拍摄和剪辑功能，自带了多种视频特效和模板，能够轻松完成拍摄、剪辑和发布短视频等相关操作。剪映集合了同类剪辑软件的多种优点，包括模板众多且更新迅速，音乐音效丰富，支持提取短视频的背景音乐，支持高光、锐化、亮度、对比度和饱和度等多种色彩调节，具备美颜、滤镜和贴纸等辅助特效功能，支持添加和自动识别字幕及关闭水印等。另外，剪映也有 PC 端版本，可下载后安装使用，是一款全终端使用的短视频剪辑软件。

（2）秒剪。秒剪是微信官方推出的短视频剪辑 App，可以直接导入图片和视频素材，由 App 自动完成短视频的剪辑工作；也可以输入或录制几句话，同样由 App 自动将文字剪辑成短视频，是一款非常适合新手使用的短视频剪辑软件。秒剪实际上是通过利用腾讯强大的算力，使用 AI 对导入的视频、图片或文字等素材进行匹配，直接生成一段短视频，并可以一键分享到微信视频号中。图 5-1 所示为秒剪的操作界面。

图 5-1　秒剪的操作界面

（3）巧影。巧影是一款功能齐备的专业级短视频剪辑 App，其很多功能与 PC 端的视频剪辑软件类似。巧影的剪辑、特效和背景抠像功能非常强大，而且操作简单、易上手，可实现专业剪辑。图 5-2 所示为巧影的剪辑界面。

图 5-2　巧影的剪辑界面

　知识拓展

　　为了让用户更好地剪辑短视频，巧影还设置了横屏模式。巧影除了拥有短视频剪辑的基本功能外，还基本覆盖了短视频剪辑的高级功能，例如，很多移动端短视频剪辑软件所不具备的关键帧编辑，视频素材的画中画剪辑，以及多图层（包括媒体、特效、贴纸等多种图层）剪辑等，甚至还拥有一些 PC 端的短视频剪辑软件特有的功能，如色度键功能（可以轻松实现视频背景抠像，创作混合性短视频）。巧影有免费版和付费版，用户付费后，不仅可以移除水印，解锁多种高级功能，而且可以获得下载巧影素材商店中全部高级版素材资源的权限。

## （二）PC 端的短视频剪辑软件

　　PC 端的短视频剪辑软件主要包括 Premiere、会声会影和快剪辑等，这些剪辑软件在视频自定义、视频可操控性上具有很大的优势，能够制作出具有多种创意效果的短视频。

（1）Premiere。Premiere 是一款常用的专业视频剪辑软件，被广泛运用于电视节目、广告和短视频等视频剪辑制作中。Premiere 能够完成采集、剪辑、调色、美化音频、字幕添加、输出等一整套视频剪辑工作。Premiere 能够提升短视频剪辑的自由度，而且可以调节非常细致的参数，导出各种格式的高质量短视频。

（2）会声会影。会声会影是一款功能强大的视频剪辑软件，具有图像抓取和编修功能，并提供了 100 多种的编制功能与效果，可导出多种常见的视频格式。会声会影支持无缝转场和变形过渡，自带 2 000 多种的特效、转场、标题及样本，还具备一键调色和多机位剪辑功能。会声会影将专业视频剪辑软件中的许多复杂操作简化为几个功能模块，使整个软件界面简洁易懂，非常适合有一定短视频制作基础的用户使用。用户只需按照软件的操作指导，便可轻松完成视频素材的导入、剪辑、导出等一系列操作，如图 5-3 所示。

图 5-3　会声会影剪辑短视频的简单步骤

（3）快剪辑。快剪辑是免费的视频剪辑软件，支持给视频添加字幕、调色等功能，并具备操作简单、画质高清、运行速度快，以及特效和转场多样等优点。快剪辑的操作快速高效，只要剪辑完成就可以发布上传。快剪辑的操作界面简约、清晰易懂，而且每个按钮都有一目了然的功能标注。除此之外，快剪辑还分为专业模式和快速模式两种，专业模式适合精细剪辑，快速模式适合粗剪，以快速完成剪辑。图 5-4 所示为快剪辑的专业模式界面。

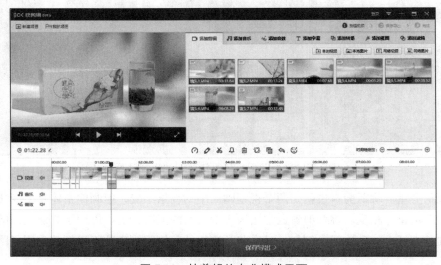

图 5-4　快剪辑的专业模式界面

## 二、剪辑手法

剪辑需要将多个视频画面连接在一起，剪辑手法的作用就是在连接过程中改变画面视角，推动内容情节向目标方向发展，让短视频内容更加精彩。

（1）标准剪辑。标准剪辑是短视频剪辑中常用的剪辑手法，基本操作是将视频素材按照时间顺序拼接组合，制作成最终的短视频。

（2）J Cut。J Cut 是一种声音先入的剪辑手法，是指下一个视频画面中的声音在视频画面出现前响起，以达到一种未见其人先闻其声的效果，用于给视频画面引入新元素。例如，先响起潺潺流水声，然后出现小溪的视频画面。

（3）L Cut。L Cut 是将上一个视频画面的音效一直延续到下一个视频画面中的剪辑手法，这种剪辑手法在短视频剪辑中也很常见。例如，在短视频中，上一个视频画面中老师向学生讲述科学家的先进事迹，下一个视频画面中学生们眼中充满了敬仰，在认真听讲，而老师的声音仍在继续。

（4）匹配剪辑。匹配剪辑连接的两个视频画面通常动作一致，或构图一致。匹配剪辑经常用作短视频转场，因为影像有跳跃的动感，可以从一个场景跳到另一个场景，从视觉上形成酷炫转场的效果。简单地说，匹配剪辑就是让两个相邻的视频画面中的画面主体不变，但切换场景。例如，很多旅行短视频中，为了表现去过很多地方，会采用匹配剪辑，如图 5-5 所示，短视频中达人用同一个姿势在不同的景点拍摄短视频并剪辑在一起。

图 5-5　采用匹配剪辑手法剪辑的短视频画面

（5）跳跃剪辑。跳跃剪辑也就是两个视频画面中的场景不变，但画面主体发生变化，其剪辑逻辑与匹配剪辑正好相反。跳跃剪辑通常用来表现时间的流逝，也可以用于关键剧情的视频画面中，以增加视频画面的急迫感。例如，近来非常流行的民族服饰变装短视频就采用了跳跃剪辑，如图 5-6 所示。

图 5-6 采用跳跃剪辑手法剪辑的短视频画面

（6）动作剪辑。动作剪辑是指视频画面在人物角色或画面主体仍在运动时进行切换的剪辑手法。需要注意的是，动作剪辑中的剪辑点不一定在动作完成之后，剪辑时可以根据人物动作施展方向设置剪辑点。例如，在一条求婚的短视频中，前一个视频画面中男主角拿出戒指并准备下跪，下一个视频画面中女主角一脸惊喜并激动落泪，这样的画面组接运用的就是动作剪辑，不仅视频画面流畅，还增加了短视频的故事性和连贯性。

（7）交叉剪辑。交叉剪辑是指不同的两个场景来回切换的剪辑手法，通过来回频繁地切换视频画面来建立角色之间的交互关系，在影视剧中打电话的镜头大多使用的就是交叉剪辑。短视频剪辑中，使用交叉剪辑能够增强短视频的节奏感，增强内容的张力并制造悬念，使用户对短视频产生兴趣。例如，剪辑一段男主角选择午餐的视频画面时，让镜头在回锅肉盖浇饭和豌豆杂酱面两个视频画面之间来回切换，可以表现男主角纠结复杂的内心情感，并使用户对男主角的最终选择产生好奇，愿意继续观看接下来的内容。

（8）蒙太奇。蒙太奇（Montage，法语，是音译的外来语）原本是建筑学术语，意为构成、装配，后来被广泛应用于电影行业，引申为"剪辑"。蒙太奇是指在描述一个主题时，将一连串相关或不相关的视频画面组接在一起，以产生暗喻的效果。例如，某部电影为了向用户展示牛肉丸美味得让人疯狂的特点，将牛肉丸与吃了牛肉丸后男主角穿上纱衣在沙滩上跳舞的视频画面剪辑在一起，既为电影增添了笑料，又用视频画面诠释了牛肉丸对人的味蕾冲击，让用户通过观看电影就能体会到牛肉丸的鲜嫩美味，这就是蒙太奇。

## 三、转场

短视频是由若干个镜头序列组合而成的，每个镜头序列都具有相对独立和完整的内容。而在不同的镜头序列之间的过渡或衔接就称为转场，有了转场就能保证整条短视频节奏和叙事的流畅性。转场一般可分为技巧转场和无技巧转场两种。

### （一）技巧转场

技巧转场是指用一些光学技巧来达成时间的流逝或地点的变换。随着计算机和影像技术的高速发展，理论上技巧转场的手法可以有无数种，但总的来说，可以归纳为以下3种。

（1）淡入/淡出。淡入/淡出又称渐显/渐隐。淡入是指下一个视频画面的光度由零度逐渐增至正常的过程，类似于舞台剧的幕启；淡出则相反，是指视频画面的光度由正常逐渐变暗直到零度的过程，类似于舞台剧的幕落。

（2）叠。叠又称化，是指两个视频画面层叠在一起，前一个视频画面没有完全消失，后一个视频画面没有完全显现，两个视频画面均有部分画面留存在屏幕上，如图5-7所示。

图5-7　采用叠转场的短视频画面

（3）划。划是指用线条或圆、三角形等几何图形来改变视频画面的转场方式，如圆划像、正方形划像、交叉划像和菱形划像等。

**提示**

> 短视频转场中的其他技巧转场基本是由上述3种转场衍生而来的，如旋转、缩放、翻页、滑动和擦除等。这些类型还可以进一步细分，例如，擦除转场可细分为时钟式、棋盘式、百叶窗式和油漆飞溅等类型。

## （二）无技巧转场

技巧转场通常带有比较强的主观色彩，而无技巧转场通常以前后视频画面在内容或意义上的相似性来转换时空和场景，客观性更强。

（1）根据动作的相似性转场。这种转场是以人物或动物相同或相似的运动为基础进行的画面转换。例如，展示山林散养土鸡的短视频就可以通过鸡群在田野奔跑和在山林中奔跑的画面切换来完成转场，利用动作的相似性连接被打散的不同时空的情节片段。

（2）根据声音的相似性转场。利用声音的相似性转场是指借助前后视频画面中对白、音效、音乐等声音元素的相同或相似性来组接视频画面。

（3）根据具体内容的相似性转场。利用具体内容的相似性进行转场是指以视频画面中人物的形象或景物的相似性为基础组接视频画面。

（4）根据心理内容的相似性转场。利用心理内容的相似性转场是指前后视频画面组接的依据是由主角的联想而产生的相似性。例如，女主角非常思念自己的男友，自言自语道："他现在在干什么呢？"下一个镜头就切换到男友正拿着手机给女主角发信息的视频画面。

（5）空镜头转场。空镜头中没有人物，主要用于刻画人物性格、渲染气氛，可以用作两个视频画面之间的过渡镜头。

（6）特写转场。特写转场是指无论上场戏的最后一个镜头是何种景别，下场戏的第一个镜头都用特写景别。特写转场用于强调场景的转换，常常会带来自然、不跳跃的视觉效果。

（7）遮挡镜头转场。遮挡镜头转场是指在上一个镜头接近结束时，拍摄器材与被拍摄对象接近以致整个视频画面黑屏，下一个镜头被拍摄对象又移出视频画面，实现场景或段落的转换。上下两个镜头的画面主体可以相同，也可以不同。这种转场方式既能给用户带来强烈的视觉冲击，又可以造成视觉上的悬念。

---

**素养小课堂**

剪辑短视频时，不仅要让用户明白内容背后的文化内涵，还要讲好中国故事、传播好中国声音，展现可信、可爱、可敬的中国形象，向全世界传播中华文明的文化精髓。

---

**任务实施**

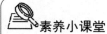**任务演练 1：剪辑猫粮推广短视频**

【任务目标】

根据表 5-2 所示的分镜头脚本，使用移动端的剪映软件，对拍摄好的视频素材进行裁剪和组合，剪辑出一条完整的短视频。

表 5-2　　　　　　　　　　《好吃嘴艾笨笨与猫粮》分镜头脚本

| 镜号 | 景别 | 拍摄方式 | 画面内容 | 字幕/台词 | 背景音乐/音效 | 时长 |
|---|---|---|---|---|---|---|
| 1 | 中景 | | 艾笨笨趴着休息，一副惬意的样子 | 生活惬意，岁月静好 | | 3 秒 |
| 2 | 中景 | | 艾笨笨抬头看向远方 | 艾爱："你去照顾孩子们吃午饭！" | | 3 秒 |
| 3 | 全景 | | 猫粮装盘 | | 轻音乐或者欢快的音乐 | 2 秒 |
| 4 | 中景 | 固定镜头、正面拍摄 | 艾笨笨看着镜头 | 哇！开饭了！ | | 2 秒 |
| 5 | 中景 | | 艾笨笨吃猫粮 | 好吃 | | 2 秒 |
| 6 | 中景 | | 艾笨笨吃猫条，包含产品画面 | 我的最爱 | | 2 秒 |
| 7 | 近景 | | 艾笨笨吃罐头，包含产品画面 | 太好吃了 | | 3 秒 |
| 8 | 近景 | | 艾爱过来，艾笨笨自动走开 | 在艾爱头上放一个生气的贴纸 | 表现很突然的音效 | 4 秒 |
| 9 | 全景 | | 三只小猫从左看到右，然后又从右看到左 | "妈妈为什么打爸爸""爸爸偷吃了我们的午饭""哇！爸爸跑了" | 打架的音效 | 6 秒 |

【任务要求】

本次任务的具体要求如表 5-3 所示。

表 5-3 　　　　　　　　　　　　　　　　任务要求

| 任务编号 | 任务名称 | 任务指导 |
|---|---|---|
| （1） | 导入素材并设置视频画面 | ① 在剪映中导入视频素材<br>② 设置竖屏模式<br>③ 将视频画面设置为竖屏 |
| （2） | 裁剪和组合视频素材 | ① 分割视频素材<br>② 删除无用片段，设置竖屏模式，模糊背景 |

**【操作过程】**

**1. 导入素材并设置视频画面**

剪辑短视频时，需要先导入视频素材，然后设置短视频画面的显示比例和方向，具体操作如下。

（1）启动剪映。点击剪映的图标，启动剪映，进入剪映的主界面。

（2）导入视频素材。在主界面中点击"开始创作"按钮[+]，在打开的界面中点击"视频"选项卡，将显示拍摄的所有视频素材，点击选中视频素材"休息.mp4"（配套资源：\素材文件\项目五\任务一\任务演练 1\休息.mp4），点击"添加"按钮 添加(1)，如图 5-8 所示，将视频素材导入剪映中。

微课视频

导入素材并设置
视频画面

（3）设置竖屏模式。在主界面下方的主工具栏中左右滑动，找到并点击"比例"按钮▢，展开"比例"工具栏，选择"9：16"选项，将视频画面显示比例修改为竖屏模式下的"9：16"，点击"确定"按钮✓，如图 5-9 所示。

图 5-8 　导入视频素材

图 5-9 　设置竖屏模式

（4）将视频画面设置为竖屏。在主工具栏中点击"剪辑"按钮✂，展开"剪辑"工具栏，点击"编辑"按钮▢，展开"编辑"工具栏，点击 3 次"旋转"按钮◒，如图 5-10 所示，将视频素材的画面旋转为竖屏，依次点击"返回"按钮《、〈返回主工具栏。

图 5-10　将视频画面设置为竖屏

### 2. 裁剪和组合视频素材

根据分镜头脚本的设定剪辑视频素材，具体操作如下。

微课视频
裁剪和组合视频素材

（1）剪辑镜头1。将"时间轴"面板向左拖动，将时间线定位到"00:03"位置，在主工具栏中点击"剪辑"按钮，展开"剪辑"工具栏，点击"分割"按钮，如图5-11所示，分割后左侧的视频素材即为镜头1。

（2）剪辑镜头2。继续将"时间轴"面板向左拖动，将时间线定位到"01:15"位置，在主工具栏中点击"剪辑"按钮，展开"剪辑"工具栏，点击"分割"按钮。继续将"时间轴"面板向左拖动，将时间线定位到"01:18"位置，在主工具栏中点击"剪辑"按钮，展开"剪辑"工具栏，点击"分割"按钮，如图5-12所示，"01:15"和"01:18"之间的视频素材即为镜头2。

> ⏰ **提示**
>
> "时间轴"面板中长度较长的线是时间线，显示视频画面的面板是"预览"面板，"预览"面板的左下角显示了当前时间线所处的位置和短视频总时长。例如，"02:48/02:50"，"02:48"表示当前时间线的位置，"02:50"表示短视频的总时长。

（3）剪辑镜头4。将"时间轴"面板向左拖动，将时间线定位到"02:48"位置，在主工具栏中点击"剪辑"按钮，展开"剪辑"工具栏，点击"分割"按钮，"02:48"到该视频素材结尾的部分即为镜头4。

（4）删除多余的视频素材。在"时间轴"面板中选择镜头4左侧的视频素材，在"剪辑"工具栏中点击"删除"按钮，将该视频素材删除，如图5-13所示。用同样的方法选择镜头1右侧的视频素材，将其删除，剩下镜头1、镜头2和镜头4对应的3个视频素材。

（5）剪辑镜头3。将"时间轴"面板向左拖动，将时间线定位到镜头2和镜头4两个视频素材的分割处，点击"导入视频"按钮，如图5-14所示。在打开的界面中点击"猫粮.mp4"选项

（配套资源：\素材文件\项目五\任务一\任务演练 1\猫粮.mp4），点击 添加(1) 按钮，将其导入时间线所在处。将导入的视频素材从"00:07"和"00:09"两个位置进行分割，然后保留"00:07"和"00:09"之间的视频素材，将其作为镜头 3，删除左右被分割的视频素材，效果如图 5-15 所示。

图 5-11　分割视频素材　　　图 5-12　裁剪镜头 2　　　图 5-13　删除视频素材

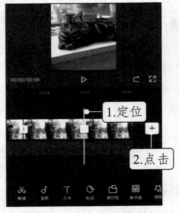

图 5-14　导入视频素材　　　　图 5-15　镜头 3 效果

（6）剪辑镜头 5。将"时间轴"面板向左拖动，将时间线定位到镜头 4 视频素材最右侧位置，点击"导入视频"按钮 ⊞，如图 5-16 所示。导入视频素材"吃猫粮.mp4"（配套资源：\素材文件\项目五\任务一\任务演练 1\吃猫粮.mp4），在"时间轴"面板中选择导入的视频素材，在上方的"预览"面板中放大视频画面，使视频画面充满边框，如图 5-17 所示。将导入的视频素材在"01:09"和"01:11"处分割，保留"01:09"和"01:11"之间的视频素材，将其作为镜头 5，删除左右被分割的视频素材。

> ⏰ **提示**
> 剪映中默认视频素材的播放顺序是从左到右。在"时间轴"面板中按住任意一个视频素材不放，即可通过拖动的方式将其移动到时间轴的其他位置，以此调整播放顺序。

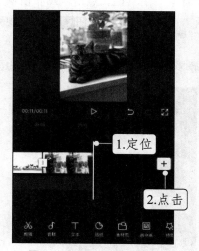
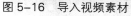

图 5-16　导入视频素材

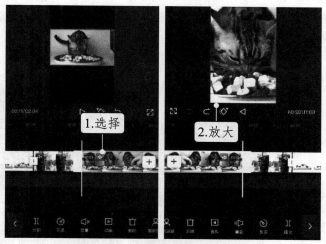

图 5-17　放大视频画面

（7）剪辑镜头 6。用同样的方法在镜头 5 最右侧位置导入视频素材"吃猫条.mp4"（配套资源：\素材文件\项目五\任务一\任务演练 1\吃猫条.mp4）。在"时间轴"面板中选择该视频素材，将其旋转为竖屏。将导入的视频素材在"00:19"和"00:21"处分割，然后保留"00:19"和"00:21"之间的视频素材，将其作为镜头 6，左右被分割的视频素材则删除。

（8）剪辑镜头 7 和镜头 8。用同样的方法在镜头 6 最右侧位置导入视频素材"吃罐头.mp4"（配套资源：\素材文件\项目五\任务一\任务演练 1\吃罐头.mp4）。在"时间轴"面板中选择该视频素材，将其旋转为竖屏。将导入的视频素材先在"02:26"和"02:29"处分割，再在"02:54"和"02:58"处分割，然后保留"02:26"和"02:29"之间的视频素材，将其作为镜头 7，将"02:54"和"02:58"之间的视频素材作为镜头 8。将导入的"吃罐头.mp4"视频素材中分割后的其他视频素材删除。

🕐 **提示**

在"时间轴"面板中选择视频素材，拖动其左右侧的滑块，如图 5-18 所示，就可以精确控制裁剪视频素材的时间。

图 5-18　精确控制裁剪视频素材的时间

（9）剪辑镜头 9。用同样的方法在镜头 8 最右侧位置导入视频素材"小猫.mp4"（配套资源：\素材文件\项目五\任务一\任务演练 1\小猫.mp4）。将导入的视频素材在"00:26"处分割，然后保留右侧的视频素材，将其作为镜头 9，删除左侧分割的视频素材。拖动"时间轴"面板，将时间线定位到镜头 9，在主工具栏中点击"背景"按钮▧，展开"背景"工具栏，点击"画布模糊"按钮◐，展开"画布模糊"选项栏，在其中选择一种模糊选项，点击"确定"按钮✓，为该视频素材应用模糊背景，效果如图 5-19 所示。

（10）完成镜头剪辑。用相同的方法为镜头 3 应用画布模糊效果，完成剪辑操作。

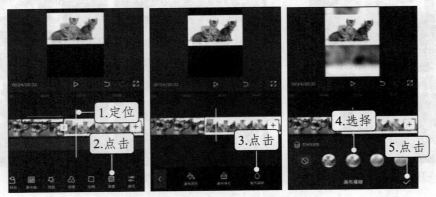

图 5-19　设置画布模糊背景

## 任务实施

### 🍵 任务演练 2：剪辑水果主图短视频

【任务目标】

按照表 5-4 所示的分镜头脚本，使用 Premiere Pro 2020 对拍摄好的视频素材进行裁剪和组合，剪辑出一条与分镜头脚本描述一致的短视频。

表 5-4　　　　　　　　　　　　《大樱桃介绍》分镜头脚本

| 镜号 | 景别 | 拍摄方式 | 画面内容 | 字幕/台词 | 背景音乐 | 时长 |
|---|---|---|---|---|---|---|
| 1 | 中景 | 从上向下摇镜头 | 大樱桃放在白色盘中，外表洒水，表示新鲜，两边有绿植 | 果园直发大连大樱桃 | | 2 秒 |
| 2 | 中景 | 从左向右摇镜头 | 同上 | | | 2 秒 |
| 3 | 中景 | 固定镜头 | 透明的玻璃缸中放满水，将大樱桃丢入水中，拍摄入水画面 | 生态果园、健康品质 | | 4 秒 |
| 4 | 中景 | 固定镜头 | 大樱桃沉入水底 | | 轻音乐或者欢快的音乐 | 4 秒 |
| 5 | 中景 | 固定镜头 | 大樱桃倒在桌面上 | 颗颗精选、新鲜美味 | | 2 秒 |
| 6 | 中景 | 从左向右摇镜头 | 桌面上的大樱桃 | | | 3 秒 |
| 7 | 近景 | 从左向右摇镜头 | 分成两半的大樱桃 | 脆甜多汁 | | 4 秒 |
| 8 | 中景近景 | 推镜头 | 一根藤上两个大樱桃，后面以一盘大樱桃为背景 | 个大饱满 | | 4 秒 |

【任务要求】

本次任务的具体要求如表 5-5 所示。

表 5-5　　　　　　　　　　　　　　　　　　　任务要求

| 任务编号 | 任务名称 | 任务指导 |
|---|---|---|
| （1） | 导入素材并设置视频画面 | ① 启动 Premiere Pro 2020 并新建项目<br>② 设置视频画面大小<br>③ 导入视频素材 |
| （2） | 裁剪和组合视频素材 | 剪辑镜头 1～8 的视频画面 |

【操作过程】

### 1. 导入素材并设置视频画面

剪辑短视频需要启动 Premiere Pro 2020，新建一个短视频的项目，然后设置视频画面的大小，最后再将拍摄的视频素材导入 Premiere 中，具体操作如下。

（1）启动 Premiere Pro 2020 并新建项目。双击快捷图标启动 Premiere Pro 2020，将自动打开"主页"窗口，单击 新建项目... 按钮，如图 5-20 所示。打开"新建项目"对话框，在"名称"文本框中输入"产品介绍"，然后单击"位置"下拉列表框右侧的 浏览 按钮，如图 5-21 所示，打开"请选择新项目的目标路径。"对话框，在其中选择保存项目的文件夹，单击 选择文件夹 按钮，返回"新建项目"对话框，单击 确定 按钮。

（2）设置视频画面大小。选择【文件】/

图 5-20　单击"新建项目"按钮

【新建】/【序列】命令，打开"新建序列"对话框，在"设置"选项卡的"编辑模式"下拉列表框中选择"自定义"选项，在"视频"栏的"帧大小"选项的"水平"数值框和"垂直"数值框中都输入"800"，在"像素长宽比"下拉列表框中选择"方形像素(1.0)"选项，单击 确定 按钮，如图 5-22 所示。

图 5-21　新建项目

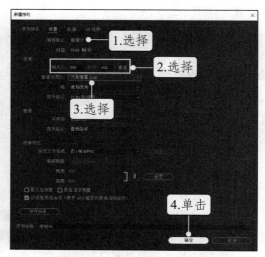

图 5-22　设置视频画面的大小

微课视频

导入素材并设置视频画面

**知识拓展**

编辑模式界面是 Premiere 剪辑短视频的基本操作界面，主要包含 4 种面板。

（1）"项目"面板。"项目"面板用于管理视频素材，也可用于建立序列文件。

（2）"源"面板。"源"面板用于预览视频素材的效果，也可对视频素材进行简单的标记。

（3）"时间轴"面板。"时间轴"面板用于实现对视频素材的剪辑、插入、复制、粘贴和修整等操作，以及在视频素材中添加各种特效。

（4）"节目"面板。"节目"面板的主要功能是预览剪辑的视频效果。

（3）导入视频素材。选择【文件】/【导入】命令（或在"项目"面板的空白处双击），打开"导入"对话框，打开视频素材所在的文件夹，选择所有视频素材（配套资源：素材文件\项目五\任务一\任务演练2\镜头 1～8.mp4），单击 打开(O) 按钮，将所有视频素材都导入 Premiere 中，在"项目"面板中查看导入的所有视频素材，如图 5-23 所示。

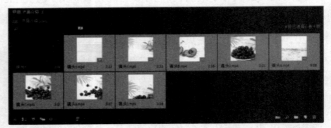

图 5-23　项目面板中导入的视频素材

### 2. 裁剪和组合视频素材

根据分镜头脚本剪辑短视频，具体操作如下。

（1）剪辑镜头 1。在"项目"面板中双击导入的"镜头 1.mp4"视频素材，使其在源面板中显示。在"源"面板的时间轴中拖动滑块，定位到"00:00:00:00"位置，在下方的工具栏中单击"标记入点"按钮，为裁剪的视频素材设定开始位置，如图 5-24 所示，继续拖动滑块，定位到"00:00:01:09"位置，在下方的工具栏中单击"标记出点"按钮，为裁剪的视频素材设定结束位置，如图 5-25 所示。

微课视频

裁剪和组合视频素材

图 5-24　标记入点

图 5-25　标记出点

（2）生成镜头 1 的短视频。在"源"面板中拖动裁剪好的视频素材到序列 01"时间轴"面板中，弹出"剪辑不匹配警告"提示框，单击 保持现有设置 按钮。在"节目"面板中将显示裁剪后的视频效果，在"时间轴"面板中拖动下方的滑块可以调整"时间轴"的显示长度，如图 5-26 所示。

（3）剪辑镜头 2。在"项目"面板中双击导入的"镜头 2.mp4"视频素材，在"源"面板的时间轴中用同样的方法将"00:00:00:01"标记为入点，将"00:00:01:00"标记为出点，拖动裁剪好的视频素材到"时间轴"面板中，将其放置在 V1 视频轨道中视频素材"镜头 1.mp4"右侧，如图 5-27 所示。

图 5-26　调整时间轴的长度　　　　　　　　图 5-27　剪辑镜头 2

（4）设置慢动作播放。在"时间轴"面板中先将"镜头 2.mp4"视频素材向右侧拖动，为"镜头 1.mp4"视频素材右侧空出可以延长的位置（没有空位将无法设置慢动作）。然后在"镜头 1.mp4"视频素材上单击鼠标右键，在弹出的快捷菜单中选择"速度/持续时间…"命令，打开"剪辑速度/持续时间"对话框，在"速度"数值框中输入"50"，单击 **确定** 按钮，如图 5-28 所示。然后将"镜头 2.mp4"视频素材向左侧拖动紧接"镜头 1.mp4"视频素材，然后用同样的方法将其速度设置为正常速度的 50%。

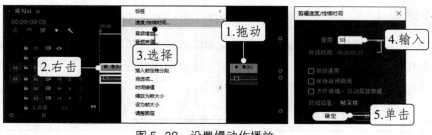

图 5-28　设置慢动作播放

（5）剪辑镜头 3。用同样的方法导入"镜头 3.mp4"视频素材，将"00:00:03:01"标记为入点，将"00:00:07:00"标记为出点，将裁剪好的视频素材拖动到"时间轴"面板"镜头 2.mp4"视频素材右侧。

（6）剪辑镜头 4。用同样的方法导入"镜头 4.mp4"视频素材，将"00:00:04:13"标记为入点，将"00:00:08:12"标记为出点，将裁剪好的视频素材拖动到"时间轴"面板"镜头 3.mp4"视频素材右侧。

（7）剪辑镜头 5。用同样的方法导入"镜头 5.mp4"视频素材，将"00:00:00:06"标记为入点，将"00:00:02:05"标记为出点，将裁剪好的视频素材拖动到"时间轴"面板"镜头 4.mp4"视频素材右侧。

（8）剪辑镜头 6。用同样的方法导入"镜头 6.mp4"视频素材，将"00:00:00:01"标记为入点，将"00:00:03:00"标记为出点，将裁剪好的视频素材拖动到"时间轴"面板"镜头 5.mp4"视频素材右侧。

（9）剪辑镜头 7 并设置慢动作。用同样的方法导入"镜头 7.mp4"视频素材，将"00:00:00:01"

标记为入点，将"00:00:02:00"标记为出点，将裁剪好的视频素材拖动到"时间轴"面板"镜头6.mp4"视频素材右侧。然后用设置慢动作的方法将其速度设置为正常速度的50%。

（10）剪辑镜头8并设置慢动作。用同样的方法导入"镜头8.mp4"视频素材，将"00:00:00:01"标记为入点，将"00:00:02:00"标记为出点，将裁剪好的视频素材拖动到"时间轴"面板"镜头7.mp4"视频素材右侧。然后用设置慢动作的方法将其速度设置为正常速度的50%，图5-29所示为完成后的"时间轴"面板。

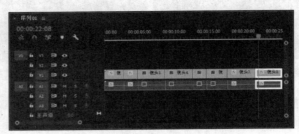

图5-29　完成后的"时间轴"面板

# 任务二　美化和修饰短视频

## 任务描述

老李要求小赵为裁剪和组合好的两条短视频添加背景音乐和音效、表情包和字幕，并通过调色，以及制作封面和结尾来美化和修饰短视频，使其达到发布的标准。小赵根据老李的指导明确了本次的任务（见表5-6）后，开始继续剪辑短视频。

表5-6　　　　　　　　　　　　　　　　　　　任务单

| 任务名称 | 美化和修饰短视频 | |
|---|---|---|
| 任务背景 | 简单地裁剪和组合后的短视频还达不到发布的水准，还需要利用滤镜、特效来提升画面品质，并通过添加背景音乐和音效、表情包和字幕，以及制作封面和结尾等，来提升视频画面的美感，将短视频包装成视角专业、质感优良的优质短视频 | |
| 任务类别 | □理论学习　　□内容策划　　□视频拍摄　　□技巧应用　　■视频剪辑　　□运营推广 | |
| **工作任务** | | |
| **任务内容** | **任务说明** | |
| 任务演练1：美化和修饰猫粮推广短视频 | 【剪辑软件】剪映<br>【美化修饰】滤镜调色、添加背景音乐和音效、添加表情包、添加字幕、制作封面和结尾 | |
| 任务演练2：美化和修饰水果主图短视频 | 【剪辑软件】Premiere<br>【美化修饰】调色、处理原声、添加背景音乐、添加字幕 | |

任务总结：

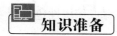

# 一、调色

调色是短视频剪辑中非常重要的环节,可以使短视频的画面呈现一种特别的色彩或风格,例如,清新、唯美、复古等,带给用户一种视觉上的享受。

## (一)调色的基本目的

短视频调色的基本目的是还原真实色彩或添加独特风格。

(1)还原真实色彩。无论拍摄设备的性能多么优越,都会受到拍摄技术、拍摄环境和播放设备等多种因素的影响,最终展示出来的视频画面与人眼看到的现实色彩仍然有着一定的差距,所以,需要进行调色,来尽可能地还原真实的色彩。

(2)添加独特风格。调色可以为视频画面添加独特的风格,将各种情绪和情感投射到视频画面中,使视频画面具有独特的情感色彩,从而影响用户的情绪,让用户产生情感共鸣。

## (二)风格化调色

调色可以使视频画面呈现出一种特殊的风格,但需要根据短视频的内容来确定这种风格。

(1)微电影。色彩对比强烈,阴影偏深蓝,中间调偏青色,高光偏品红,然后将亮部和中间调偏黄绿(可以纠正亮部的白平衡),提高橙黄色饱和度(增强与暗部蓝绿色调的反差),增强整体对比度,适合剧情类短视频。

(2)大片效果。色彩以冷暖对比为主,让视频画面更吸引用户。通常视频画面的高光部分和人物肤色为暖色调,阴影部分则为冷色调,和太阳落山前的色彩特点是一样的,适合剧情类、汽车类短视频。

(3)小清新。整体色彩饱和度较低,视频画面色彩偏暖、偏绿,适合各种类型的短视频,电商相关的短视频中也比较常用。图 5-30 所示为小清新风格调色的短视频画面。

(4)青橙。整体色彩以青色和橙色为主,色彩偏冷,两种色彩在视频画面中形成强烈的对比,让视频画面更具视觉冲击力,适合旅行类短视频。图 5-31 所示为青橙风格调色的短视频画面。

图 5-30 小清新风格调色的短视频画面

图 5-31 青橙风格调色的短视频画面

(5)黑金。色彩以黑色和金色为主,通常可将视频画面设置成黑白色,然后保留黑色部分,将白色部分转变成金色,适合表现街景和夜景以及科普类短视频。

（6）怀旧复古。色彩饱和度较低，视频画面色调较暗，通常阴影偏青、偏绿或偏中性色，而高光偏黄色，适合剧情类短视频。

（7）赛博朋克。整体色彩以青绿和洋红色为主，带给视频画面一种未来的幻想感，适合生活类和剧情类短视频。图 5-32 所示为赛博朋克风格调色的短视频画面。

（8）时尚欧美。这种风格的调色厚重、浓郁和大气，视频画面的色调浓郁，色彩以灰色、深蓝色和黑色等为主，适合时尚类短视频。

（9）甜美糖果。这种风格的调色可以让人感到甜美，通常会在纯色中加入白色作为主色调，如粉绿、粉蓝、淡粉、粉黄、明艳紫、柠檬黄、宝石蓝和芥末绿等，视频画面较亮，对比度和清晰度较低，主色调高饱和度、高亮度，且高光偏暖色，适合美食类短视频以及女性达人为主的短视频。图 5-33 所示为甜美糖果风格调色的短视频画面。

图 5-32　赛博朋克风格调色的短视频画面　　图 5-33　甜美糖果风格调色的短视频画面

---

 提示

　　短视频调色有一个通用的方案可以作为参考：亮度 0～25，对比度 0～35，色温-40～40，饱和度 0～45，锐化 0～35，这里的数字都是各种剪辑软件中色彩调整对应的参数数值。

---

## 二、背景音乐和音效

对音频的处理操作通常包括根据短视频的内容选择背景音乐，以及收集和制作音效等。

### （一）选择背景音乐

背景音乐是影响短视频关注度高低的一个重要因素，即使短视频的内容不太精彩，但选取了非常合适的背景音乐，也会产生"1+1>2"的效果。

#### 1. 选择背景音乐的原则

背景音乐通常根据短视频的内容主题、整体节奏来选择，选择的背景音乐要适合短视频画面氛围与节奏，并能完美融合短视频。

（1）适合短视频的情绪氛围。选择背景音乐时需要根据内容主题确定好主要的情绪基调。因为，音乐都有自己独特的情绪和节奏，选择与短视频内容情绪吻合度较高的背景音乐，能增强视频画面的感染力，让用户产生更多的代入感。例如，搞笑类短视频如果使用温情的背景音乐或气势恢宏的背景音乐，就会显得很突兀，影响搞笑效果。

（2）与视频画面相呼应。通常背景音乐和短视频画面的节奏匹配度越高，短视频就越具有观赏性。例如，剧情类短视频经常在剧情高潮部分切换背景音乐，通过反差来渲染戏剧效果。所以，选择背景音乐时应该注意音乐的节奏，最好让背景音乐与视频画面产生"一唱一和"的效果。

（3）选择合适的形式。短视频中的画面才是主角，而背景音乐只是对视频画面的辅助，应当让用户在背景音乐的自然流淌中欣赏视频画面，将注意力集中到视频画面上。在很多情况下，使用纯音乐作为背景音乐较适合，除非视频画面需要背景音乐的歌词来增加用户的代入感。

### 2. 不同类型短视频的背景音乐选取

不同类型的短视频具有不同的主题和节奏，所以需要选择不同类型的背景音乐。

（1）剧情类。为剧情类短视频选择恰当的背景音乐不但能够推动剧情的发展，甚至还能放大剧情的戏剧效果。剧情可以大致分为喜剧和悲剧，喜剧类短视频可选择一些搞怪或轻松的背景音乐，悲剧类短视频可选择煽情感人的背景音乐。

> **提示**
>
> 短视频中的视频原声和背景音乐的音量大小存在一定比例，需要根据短视频的内容和背景音乐的作用来确定，通常视频原声和背景音乐的音量大小比例为 6：4。

（2）美妆类。美妆类短视频的目标用户通常是年轻人，所以可以挑选节奏快且时尚的背景音乐，如流行音乐、电子乐等。

（3）旅行类。旅行类短视频可以利用背景音乐引导用户去感悟旅途的风景。例如，展示宏伟壮观景色的短视频可选择一些气势恢宏的交响乐作为背景音乐；展示古朴典雅的景色和建筑的短视频则可选择民族音乐或民谣小调；侧重介绍传统文化的短视频则可选择舒缓、清新的纯音乐来渲染气氛，增强用户的代入感。

（4）美食类。美食类短视频通常会通过视觉和听觉上的冲击来调动用户的感官，从而使用户产生满足感，应该挑选一些轻快、欢乐风格的纯音乐、爵士音乐或流行音乐作为背景音乐。

> **提示**
>
> 同一类短视频也可以采用不同风格的背景音乐，但应与短视频风格一致。例如，农村风格的美食类短视频选择的背景音乐以旋律优美的轻音乐为主，音量比视频原声小很多，与视频画面中的流水、狗叫和切菜声等交织在一起，凸显出视频画面的和谐。而逗趣风格的美食类短视频选择的背景音乐主要是一些曲风活泼、节奏感鲜明的音乐，以丰富视频画面的情感表达。

## （二）收集和制作音效

音效是由声音所制造出来的效果，其功能是为一些场景增进真实感、烘托气氛等。剪辑短视频时，在不同的场景添加不同的音效可以突出视频内容的表达效果。

### 1. 软件自带

短视频剪辑软件中大多自带一些音效，在剪辑短视频时可以直接下载使用。例如，快剪辑中就有环境、动物、卡通、交通和自然等多种类型的音效，如图 5-34 所示，而剪映中则有综艺、笑声、机械等多种类型的音效，如图 5-35 所示。

图 5-34　快剪辑中自带的音效　　　　　　　　图 5-35　剪映中自带的音效

### 2. 网上下载

专业的素材网站中有可以下载的各种音效，例如，站长素材、耳聆网和爱给网等。这些素材网站汇聚了各种奇妙的音效，有很多专业录音师和声音爱好者分享的音效，资源非常丰富。这些网站分类明确，很容易就能精确查找到需要的音效，还可以试听后再下载。

### 3. 软件制作

大多数的短视频剪辑软件能制作音效，其方法是将需要的音效所在的视频素材进行音画分离，然后分割音频轨道中的音频素材，保留需要的音频作为音效。以 Premiere 为例，将视频素材导入"时间轴"面板中，然后在视频轨道中的视频素材上单击鼠标右键，在弹出的快捷菜单中选择"取消链接"命令进行音画分离，并将视频轨道中的视频素材删除，然后使用"剃刀工具"按钮◆分割音频素材，最后将多余的音频素材删除并将需要的音频导出为音频文件。

## 三、字幕

一些短视频为了加强个性色彩，会使用各地的方言或加快语速制造幽默效果，此时就需要为视频画面添加和制作字幕，以保证大多数用户都能理解短视频的内容。

### （一）字幕的功能

在短视频中，字幕有 4 个非常重要的功能。

（1）加强用户对短视频内容的理解。汉语博大精深，有很多同音不同义的字词，还有一些专业名词等，通过字幕，再结合音频，用户才更容易理解短视频的内容。另外，有些用户不擅长聆听而善于阅读，字幕便能让其更有效率地理解短视频内容。

（2）强化短视频的表现效果。字幕本身是形象直观的视觉符号，字幕适时、适地、适度的艺术性"亮相"，对视频画面能起到点缀、美化的作用，会在一定程度上提升视频画面的观赏效果。另外，字幕运用得当，对短视频画面的组合，以及短视频内容的延伸，能起到一定的促进作用，使得整个视频画面和内容具备连续性和完整性。

（3）体现短视频的类型。字幕是短视频的重要组成部分，字幕的大小、字体和颜色等也可以体现短视频的类型。例如，时政社会类短视频常使用比较标准的印刷字体来制作字幕；与萌宠相关的生活类短视频则常使用彩色卡通风格的字幕，如图 5-36 所示。

（4）展示卖点。字幕可以清楚地展示产品的卖点，如产品展示类短视频中的字幕就主要用于展示产品或品牌的特色和卖点。

**知识拓展**

有些听障人士需要字幕的帮助才能看懂短视频内容，并感受短视频带来的乐趣。另外，使用双语字幕能够让外籍人士看懂汉语短视频，或让普通用户看懂外语短视频，这也促进了文化上的交流。例如，网上有很多外国人创作的短视频，将学习普通话时的趣事作为笑点，这些笑点只有添加了字幕后才能让其他用户理解。

### （二）制作字幕的注意事项

制作字幕，通常在需要添加字幕的视频画面中输入对应的文字即可。另外，很多短视频剪辑软件具备自动识别语音并添加字幕的功能。在制作字幕的过程中有一些需要注意的事项。

（1）保证准确性。字幕应力求准确，避免出现错别字、不通顺等问题。另外，错误的字幕容易对用户形成误导，造成负面影响。

（2）放置位置要合理。短视频的标题和账号名称通常显示在左下角，添加字幕时应避开这个位置，否则会造成图 5-37 所示的字幕遮挡。通常，字幕设置在视频画面上方四分之一处较为合理。另外，视频画面如果为横屏，可以把字幕放置在视频画面上方。

图 5-36　体现短视频类型的字幕　　　　　　　　图 5-37　字幕遮挡

（3）添加描边以突出字幕。当采用白色或黑色的纯色字幕时，字幕很容易与视频画面重合，影响观看，此时可以采用添加描边的方式来突出字幕。

## 四、表情包

表情包是一种语言和非语言符号结合的图形符号，能将字符、图片和视频等形式组合起来，模拟表情、体态、动作，常用于在网络交流中表达情感和情绪。短视频中的表情包能够表达某种特定的情绪，时长通常为几秒钟，能够增强短视频的趣味性，增强与用户之间的互动。表情包的收集方式与背景音乐、音效的基本相似。图 5-38 所示为剪映素材库中的表情包。

## 五、封面和结尾

短视频要吸引用户的关注，不仅要在内容上打动用户，还需要有醒目的、可识别的封面，以及升华主题、与开头相呼应的结尾。

图 5-38　剪映素材库中的表情包

### （一）制作封面

短视频的封面通常有视频和图片两种形式。图片封面通常是选择短视频的某一帧视频画面，然后为其添加标题和文案；视频封面则是裁剪短视频中的某一段视频画面，时长在 3 秒以内，视频画面清晰完整，同样可以添加标题和文案。

#### 1. 以用户定位为切入点

短视频通常都会有明确的用户定位，根据用户定位可以确定用户所关注的核心信息。因此，制作封面时，可以有针对性地选择用户群体可能会喜欢的图片或视频，以便用户能快速了解到短视频的核心内容。

#### 2. 制造悬念引发好奇心

制作封面时，使用吸引人的画面、人物或文字等制造悬念，可以调动用户的好奇心，引起他们的观看兴趣，进而他们会点击短视频观看。例如，一条表现女生在水上摇摆桥上玩耍的短视频内容普通，不会有太多用户关注，但如果将封面设置为女生摇摇欲坠的视频画面，并配上标题"猜我最后落水了吗？"就制造了悬念，可能会吸引用户观看完整条短视频。

#### 3. 以人物为主要吸引点

以人物为主要吸引点的短视频封面可以通过以下 3 种方式吸引用户。

（1）表情丰富。封面中人物丰富的表情通常能引起用户的兴趣，引发用户讨论，但此类封面需要成系列。

（2）感动用户。直接在封面中展示最容易感动用户的人物画面是一种巧妙的方式。例如，一条宣传全国消防日的短视频，其封面为消防员一边走一边吃饭，突然听到警报，欲放下饭碗立刻出警的瞬间画面，如图 5-39 所示，使很多用户十分感动，获得了很高的播放量。

（3）设计统一的形式。封面可以统一使用短视频达人某一角度、姿态的照片，搭配相关文字，让封面风格具备统一性。

### 4. 展示重点信息

展示重点信息的短视频封面通常需要挑选出内容中的核心信息，将其归纳成关键词，并用醒目的方式显示在封面上。例如，在封面中直接使用大号字体写明重点信息，如图 5-40 所示。

### 5. 呈现精美的效果

短视频的封面可以直接展示经过加工、美化和剪辑后的精彩视频画面。例如，美食类短视频通常会选择美食成品展示画面作为封面，利用色泽亮丽的美食吸引用户。科技创意和摄影教学等内容的短视频也会将成品或精彩特效作为封面，以吸引更多用户观看。图 5-41 所示为使用美景作为封面的旅行类短视频。

图 5-39　感动用户的封面　　　图 5-40　写明重点信息的封面　　　图 5-41　呈现美景的封面

### 6. 展示故事情节

这种短视频封面通过"画面+文字"的形式，以第一人称诉说亲身遭遇，容易产生很强的感染力，引起用户的共鸣。例如，某条短视频的封面是男女主角抱头痛哭的视频画面，配上文字"在一起 6 年，风雨同舟，向她求婚，两人都哭成泪人！" 这条短视频在短短一小时内播放量突破百万次，评论数高达数千条。这就是典型的展示故事情节的短视频封面，通过富有感染力的视频画面，引发用户的情感共鸣。

## （二）制作结尾

短视频的结尾通常有 3 种形式：一是自然而然结尾，不设置专门的结尾画面；二是动画结尾，即使用添加了文字特效，请求用户点赞、收藏、关注的图片或动画等；三是影视结尾，即使用类似影视剧的滚动字幕结尾。

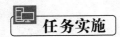
任务实施

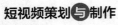任务演练 1：美化和修饰猫粮推广短视频

【任务目标】

根据前面裁剪和组合好的短视频，通过美化和修饰，丰富短视频的内容，剪辑出一条内容比较搞笑的猫粮推广短视频。

【任务要求】

本次任务的具体要求如表 5-7 所示。

表 5-7　　　　　　　　　　　　　　　　任务要求

| 任务编号 | 任务名称 | 任务指导 |
| --- | --- | --- |
| （1） | 调色 | 为整个短视频应用"暖食"滤镜 |
| （2） | 设置音频 | ① 设置音量<br>② 添加"浪漫（纯音乐）"背景音乐<br>③ 添加"心跳声""心跳声加速""打斗场面"音效 |
| （3） | 添加表情包 | 在短视频最后添加一个搞笑的表情包 |
| （4） | 添加字幕 | ① 为镜头 1 添加模板字幕<br>② 为镜头 2 添加气泡字幕<br>③ 为镜头 4~7 复制字幕<br>④ 为镜头 8 添加贴纸<br>⑤ 为镜头 9 添加模板气泡字幕 |
| （5） | 制作封面和结尾 | ① 利用短视频中的视频画面制作封面图片<br>② 制作和添加一个结尾动画 |

【操作过程】

1. 调色

在剪映中，为猫粮推广短视频添加"暖食"滤镜，具体操作如下。

（1）选择滤镜。将时间线定位到短视频的任意位置，在主工具栏中点击"滤镜"按钮🎨，展开"滤镜"选项栏，点击"美食"选项卡，点击"暖食"选项，点击"确定"按钮✔。

微课视频

调色

（2）应用滤镜。在"时间轴"面板中拖动"暖食"滤镜左右两侧的滑块，将其时长设置为与整条短视频时长相同，如图 5-42 所示，为短视频应用该滤镜。

2. 设置音频

在剪映中为猫粮推广短视频添加背景音乐、音效，并设置它们的音量，具体操作如下。

微课视频

设置音频

（1）为镜头 3 的视频原声设置音量。在"时间轴"面板中选择镜头 3，在下方的工具栏中点击"音量"按钮🔊，展开"音量"选项栏，拖动滑块，将音量调整为"80"，点击"确定"按钮✔，如图 5-43 所示。

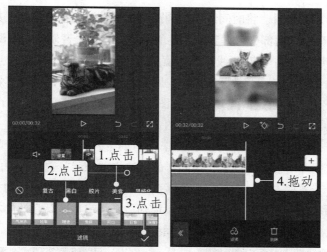

图 5-42　为短视频应用滤镜调色

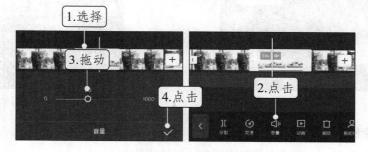

图 5-43　为镜头 3 的视频原声设置音量

（2）添加背景音乐。在"时间轴"面板中点击"添加音频"按钮 ➕ 添加音频，展开"音频"工具栏，点击"音乐"按钮🎵，打开"添加音乐"界面，点击"纯音乐"选项，打开"纯音乐"界面，在其中选择"浪漫（纯音乐）"选项，点击音乐右侧的 使用 按钮，如图 5-44 所示。

图 5-44　添加背景音乐

（3）设置背景音乐的音量。将时间线定位到镜头 7 最右侧，在下方的工具栏中点击"分割"按钮，将背景音乐分割为两部分，并删除右侧的部分，将背景音乐的音量调整为"60"。

（4）添加"心跳声"音效。将时间线定位到镜头 8 的左侧，在主工具栏中点击"音频"按钮，展开"音频"工具栏，再点击"音效"按钮，展开"音效"列表，点击"悬疑"选项卡，点击"心跳声"选项试听音效，然后点击 按钮，如图 5-45 所示。将该音效添加到"时间轴"面板中，向左拖动音效右侧的滑块，使其时长为镜头 8 的一半左右。

（5）添加其他音效。在下方的工具栏中点击"返回"按钮，展开"音频"工具栏，再次点击"音效"按钮，展开"音效"列表，用同样的方法将"悬疑"选项卡中的"心跳声加速"音效添加到"心跳声"音效的右侧，时长同样为镜头 8 的一半左右。用同样的方法展开"音效"列表，将"打斗"选项卡中的"打斗场面"音效添加到"心跳声加速"音效的右侧，时长与镜头 9 相同，音量为"30"，添加音效后的效果如图 5-46 所示。

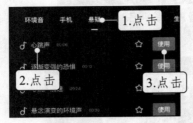

图 5-45　选择音效

图 5-46　添加音效后的效果

### 3. 添加表情包

在短视频最后添加一个表示大笑的表情包，具体操作如下。

（1）定位。将时间线定位到短视频结尾，点击"导入视频"按钮。

（2）添加表情包。在打开的界面中点击"素材库"选项卡，在下方继续点击"搞笑片段"选项卡，点击下载第一个视频素材，点击 添加(1) 按钮，该视频素材即被添加到"时间轴"面板中，如图 5-47 所示。

微课视频

添加表情包

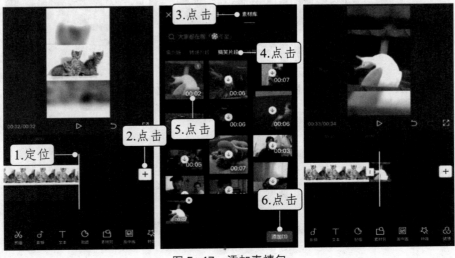

图 5-47　添加表情包

#### 4．添加字幕

为短视频添加多种样式的字幕，具体操作如下。

（1）为镜头 1 添加模板字幕。将时间线定位到短视频的开始位置，在主工具栏中点击"文本"按钮██，展开"文本"工具栏，点击"文字模板"按钮██，展开"文字模板"选项栏，在"精选"选项卡中选择一种文字模板，点击"确定"按钮██，在"预览"面板中将文本框拖动到合适位置，点击该文本框，展开文本输入界面，在文本框中输入"生活惬意，岁月静好"，点击"确定"按钮██，如图 5-48 所示。

图 5-48　为镜头 1 添加模板字幕

（2）为镜头 2 添加气泡字幕。将时间线定位到镜头 2 的开始位置，在"文本"工具栏中点击"新建文本"按钮██，展开文本输入界面，在文本框中输入"艾爱：'笨笨，你去照顾孩子们吃午饭！'"在下方的选项栏中点击"气泡"选项卡，在"气泡"选项卡中选择一种气泡样式，并在"预览"面板中将气泡字幕拖动到视频画面的右上角，点击"动画"选项卡，在展开的列表中点击"飞入"选项，在展开的选项栏中，拖动滑块将飞入的时间设置为"1.5s"，点击"确定"按钮██，如图 5-49 所示。

（3）为镜头 4 复制字幕。在"时间轴"面板中点击镜头 1 的字幕，在下方的工具栏中点击"复制"按钮██，在"时间轴"面板中可看到复制的字幕，将复制的字幕拖动到镜头 4 对应的视频素材下面，调整其时长与视频素材时长基本相同，在"预览"面板中点击文本框，展开文本输入界面，在文本框中输入"哇！开饭了！"，点击"确定"按钮██。

（4）为镜头 5～7 复制字幕。用相同的方法将镜头 4 的字幕复制到镜头 5、镜头 6 和镜头 7 对应的视频素材下面，并调整时长与对应的视频素材时长基本相同，然后分别将字幕修改为"好吃""我的最爱""太好吃了"。

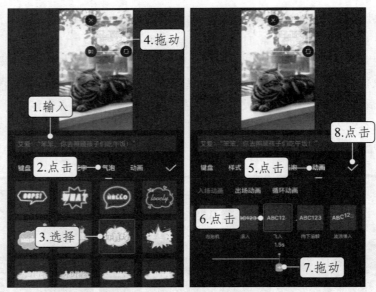

图 5-49　为镜头 2 添加气泡字幕

（5）为镜头 8 添加贴纸。将时间线定位到镜头 8 对应的视频素材中需要添加贴纸的位置，然后在"文本"工具栏中点击"添加贴纸"按钮 。展开"添加贴纸"选项栏，点击搜索框，输入"生气"，点击"搜索"按钮，在搜索结果中选择一种贴纸样式，点击 关闭 按钮。在"预览"面板中拖动贴纸到合适位置，并适当调整大小，然后在"时间轴"面板中拖动滑块以调整贴纸的时长，如图 5-50 所示。

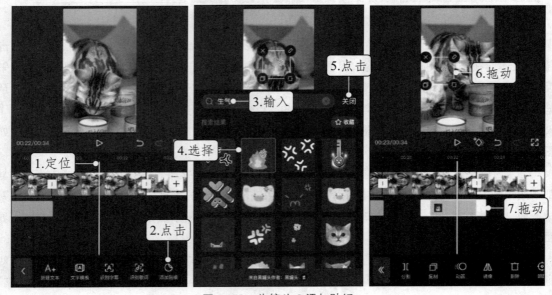

图 5-50　为镜头 8 添加贴纸

（6）为镜头 9 添加模板气泡字幕。将时间线定位到"00:27"位置，展开"文字模板"选项栏，点击"气泡"选项卡，选择一种气泡样式，点击"确定"按钮 ✓，如图 5-51 所示。在"预览"面板中将气泡字幕拖动到视频画面左侧的小猫头顶处，将字幕修改为"妈妈为什么打爸爸"，并将该字幕时长调整为 1 秒。复制该字幕到"00:27"位置，时长设置为 2 秒，将字幕拖动到中间小猫的头顶处，将字幕修改为"爸爸偷吃了我们的午饭"。将时间线定位到"00:31"位置，重新添加一个模板气泡字幕，如图 5-52 所示。将字幕拖动到视频画面右侧小猫的头顶处，将字幕修改为"哇！爸爸跑了"，并放大该字幕。

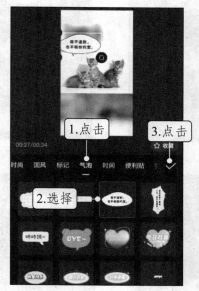
图 5-51　选择气泡样式

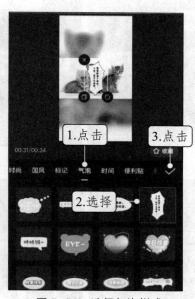
图 5-52　选择气泡样式

### 5. 制作封面和结尾

为短视频添加图片封面，然后使用剪映的"剪同款"功能制作结尾动画，并将其添加到短视频中，具体操作如下。

微课视频

制作封面和结尾

（1）制作图片封面。在"时间轴"面板中，点击 ▣ 按钮，进入封面设置界面，先点击"视频帧"选项卡，然后拖动视频，将时间线定位到将被设置为封面的视频画面处，如图 5-53 所示。点击 ▣ 封面模板 按钮，展开"封面模板"选项栏，在"推荐"选项卡中选择封面的标题样式，然后在"预览"面板中将多余的文字删除，并调整文本框的位置。最后点击文本框，输入"好吃嘴艾笨笨与猫粮"，点击 保存 按钮，如图 5-54 所示。

（2）制作结尾动画。返回剪映主界面，在其中点击"剪同款"按钮 ▶️，在打开界面的搜索框中输入"片尾模板"进行搜索，然后选择一种片尾模板，打开该片尾模板的预览界面，点击 剪同款 按钮，如图 5-55 所示。打开"最近项目"界面，点击"照片"选项卡，点击"片尾图片"图片（配套资源：\素材文件\项目五\任务二\任务演练 1\片尾图片.jpg），点击"下一步"按钮 ➡️，如图 5-56 所示。

图 5-53　选择封面图片

图 5-54　添加封面文字

图 5-55　选择片尾模板

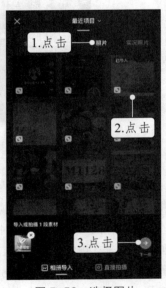

图 5-56　选择图片

（3）导出结尾动画。剪映会自动显示制作好的结尾效果，点击 导出 按钮，展开"导出"选项栏，点击 无水印保存并分享 按钮，如图 5-57 所示，剪映将自动打开抖音分享结尾动画，并将制作的结尾动画保存到手机中。

（4）为短视频添加制作好的结尾动画。在剪映主界面的"剪辑"列表中点击之前制作的猫粮推广短视频，进入"编辑"界面，将时间线定位到短视频的最后，将手机中保存的结尾动画添加到其中，如图 5-58 所示，完成封面和结尾的制作（配套资源：\效果文件\项目五\任务二\任务演练1\好吃嘴艾笨笨与猫粮.mp4）。

图 5-57　保存结尾动画　　　　　　　图 5-58　添加结尾动画

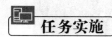
任务实施

🍵 **任务演练 2：美化和修饰水果主图短视频**

**【任务目标】**

根据分镜头脚本的设定，美化和修饰剪辑好的短视频，制作出一条完整展示大樱桃卖点的短视频。

**【任务要求】**

本次任务的具体要求如表 5-8 所示。

表 5-8　　　　　　　　　　　　　　　　任务要求

| 任务编号 | 任务名称 | 任务指导 |
|---|---|---|
| （1） | 调色 | ① 调整镜头 3 和镜头 4 的亮度和对比度<br>② 调整其他镜头中绿色的色相和饱和度 |
| （2） | 设置音频 | ① 删除多余的声音<br>② 添加背景音乐 |
| （3） | 添加字幕 | 分别为镜头 1 和镜头 2、镜头 3 和镜头 4、镜头 5 和镜头 6、镜头 7 和镜头 8 添加不同的字幕 |

**【操作过程】**

**1. 调色**

为短视频调色，通过亮度、对比度和饱和度的调节，让大樱桃看起来更新鲜，具体操作如下。

（1）调整镜头 3 的亮度和对比度。在序列 01 "时间轴"面板中，拖动滑块定位到镜头 3 对应的视频素材中，单击"效果"选项卡，进入效果模式，

微课视频

调色

在"效果"面板中选择"Lumetri 颜色"选项，展开颜色设置的相关选项，在展开的"RGB 曲线"栏中可以看到 RGB 曲线，单击右上角的曲线头，向左侧拖动，增加视频画面的亮度，单击左下角的曲线头，向右侧拖动，增加视频画面的对比度，如图 5-59 所示。

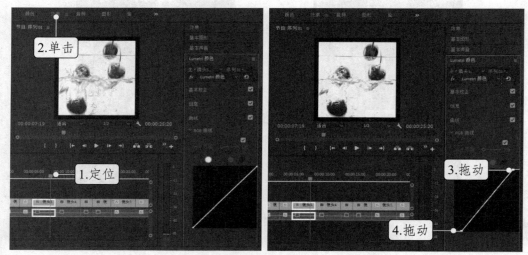

图 5-59　调整亮度和对比度

（2）复制调色。在"效果控件"面板中单击"效果控件"选项卡，选择"序列 01*镜头 3.mp4"选项，在下面的"Lumetri 颜色"选项上单击鼠标右键，在弹出的快捷菜单中选择"复制"选项，在序列 01"时间轴"面板中，拖动滑块定位到镜头 4 对应的视频素材中，在"效果控件"面板的"序列 01*镜头 4.mp4"选项下的空白位置单击鼠标右键，在弹出的快捷菜单中选择"粘贴"选项，如图 5-60 所示，将镜头 3 的调色应用到镜头 4。

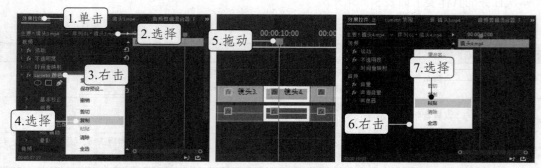

图 5-60　复制调色

（3）调整镜头 1 中的色相和饱和度。在序列 01"时间轴"面板中，拖动滑块定位到镜头 1 对应的视频素材中，在展开的"色相饱和度曲线"栏中的曲线上的绿色位置单击，添加颜色调整点，向上拖动该颜色调整点，提高视频画面中绿色相关的色相和饱和度，如图 5-61 所示。

（4）复制调色。用同样的方法将镜头 1 中的调色复制到镜头 2 和镜头 5~8 中。

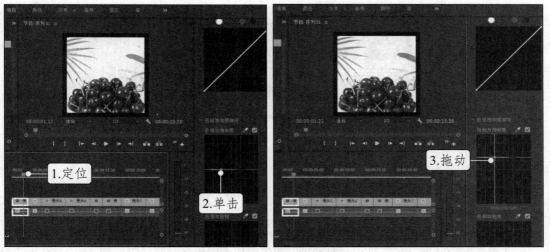

图 5-61　调整色相和饱和度

### 2. 设置音频

将视频素材中的原声删除，并添加背景音乐，调整背景音乐的音量，具体操作如下。

微课视频

设置音频

（1）音画分离。在序列 01 "时间轴"面板中镜头 1 对应的视频素材上单击鼠标右键，在弹出的快捷菜单中选择"取消链接"选项。用同样的方法为其他 7 个镜头进行音画分离。

（2）删除音频。在序列 01 "时间轴"面板中的 A1 音频轨道中单击镜头 1 下面的音频，按【Delete】键将其删除，如图 5-62 所示。用同样的方法删除其他镜头中的音频。

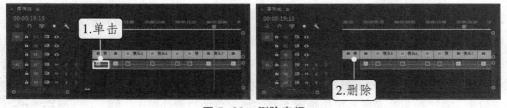

图 5-62　删除音频

（3）添加并裁剪背景音乐。在"项目"面板的空白处双击，打开"导入"对话框，找到音频素材"背景音乐.mp3"（配套资源：\素材文件\项目五\任务二\任务演练 2\背景音乐.mp3），将其导入"项目"面板中。将"背景音乐.mp3"从"项目"面板中拖动到序列 01 "时间轴"面板中的 A1 音频轨道中，使其左侧与镜头 1 对齐。拖动"背景音乐.mp3"右侧的滑块，使其右侧与镜头 8 右侧对齐，如图 5-63 所示。

（4）调整音量。单击 A1 音频轨道中的"背景音乐.mp3"，在"源"面板中单击"效果控件"选项卡，在"音量"/"级别"选项中拖动滑块，将音量级别设置为"-10.0dB"，如图 5-64 所示。

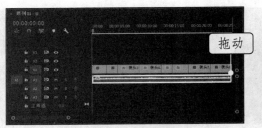

图 5-63　添加并裁剪背景音乐

图 5-64　调整音量

---

⏰ **提示**

Premiere 中的音量级别为正值，表示音量增大，负值则相反。如果在不同时间点设置不同的音量，则会在相邻的两种不同音量之间自动转换。

---

（5）设置渐变音量。在序列 01 "时间轴"面板中拖动滑块将时间线定位到 "00:00:24:12" 处，在"源"面板中"音量"/"级别"选项右侧单击"添加/移除关键帧"按钮◎，在背景音乐的 "00:00:24:12"处添加一个关键帧，如图 5-65 所示。拖动滑块将时间线定位到 "00:00:25:19"位置，在"源"面板中"音量"/"级别"选项右侧单击"添加/移除关键帧"按钮◎，在背景音乐的 "00:00:25:19"处添加一个关键帧，同时，将音量级别设置为 "-100.0dB"，如图 5-66 所示。

图 5-65　添加关键帧

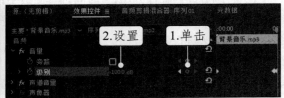

图 5-66　调整关键帧音量

### 3．添加字幕

根据分镜头脚本中的文字描述，为短视频添加字幕，具体操作如下。

（1）为镜头 1 和镜头 2 添加字幕。在序列 01 "时间轴"面板左侧的工具栏中单击"文字工具"按钮 T，拖动滑块将时间线定位到镜头 1 对应的视频素材中，在"节目"面板的视频画面上要添加字幕的位置处单击，插入文本框，在其中输入"果园直发大连大樱桃"。

微课视频

添加字幕

（2）设置字幕样式。选择输入的文字，在"源"面板的"效果控件"选项卡中的"图形"栏下单击 ▶ 按钮，展开"文本(果园直发大连大樱桃)"选项，在"源文本"选项下面的"字体"下拉列表框中选择"FZKaTong-M19S"选项（方正卡通简体），在下面右侧拖动滑块，将文字大小设置为"60"，在"外观"栏中单击选中"描边"复选框，再单击右侧的色块，打开"拾色器"对话框，在"R""B"数值框中分别输入"0"，在"G"数值框中输入"120"，单击 确定 按钮，在"描边"复选框右侧的"描边宽度"数值框中输入"20.0"，如图 5-67所示。

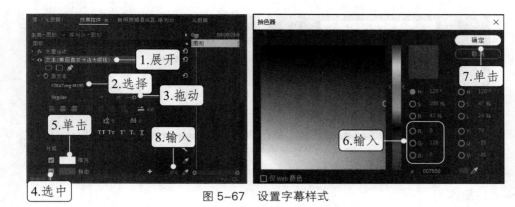

图 5-67　设置字幕样式

（3）调整字幕位置。在"时间轴"面板左侧的工具栏中单击"选择工具"按钮 ▶，在"节目"面板的视频画面上，将字幕拖动到视频画面的正上方，在"时间轴"面板的 V2 视频轨道中可以看到添加的字幕，拖动以调整其位置，使其与镜头 1 和镜头 2 的时长基本相同，如图 5-68 所示。

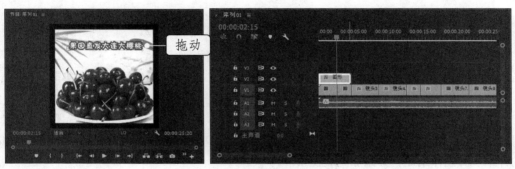

图 5-68　调整字幕位置

（4）为镜头 5 和镜头 6，以及镜头 8 添加字幕。用相同的方法为镜头 5 和镜头 6 添加字幕"颗颗精选、新鲜美味"，为镜头 8 添加字幕"个大饱满"，并分别调整字幕位置，效果如图 5-69 所示。

图 5-69　添加字幕并调整位置

（5）为镜头 3 和镜头 4，以及镜头 7 添加字幕。用相同的方法为镜头 3 和镜头 4 添加字幕"生态果园、健康品质"，为镜头 7 添加字幕"脆甜多汁"，设置字幕样式时，在"拾色器"对话框的"G"数值框中输入"0"，在"R"数值框中输入"160"，并分别调整字幕位置，效果如图 5-70 所示（配套资源：\效果文件\项目五\任务二\任务演练 2\产品介绍.prproj）。

图 5-70　继续添加字幕并调整位置

技能练习

　　使用剪映为樱桃水果剪辑一条主图短视频，使用 Premiere 为猫粮剪辑一条剧情类短视频。

# 综合实训

## 实训一　使用 Premiere 剪辑剧情短视频《星星》

**实训目的：**巩固使用 Premiere 软件剪辑短视频的基本操作。

**实训要求：**首先根据提供的分镜头脚本（配套资源：\素材文件\项目五\综合实训\实训一\《星星》分镜头脚本.docx），了解短视频的具体内容，并根据短视频分镜头脚本规划好剪辑的相关项目，利用提供的图片、视频和音频（配套资源：\素材文件\项目五\综合实训\实训一\《星星》素材\）剪辑短视频，参考"结尾制作.docx"（配套资源：\素材文件\项目五\综合实训\实训一\结尾制作.docx）中的详细步骤制作结尾，并添加到短视频中。

**实训思路：**本次实训涉及导入和裁剪视频素材、调色、添加背景音乐和音效、添加字幕、制作封面和结尾等操作，具体操作思路可参考图 5-71。

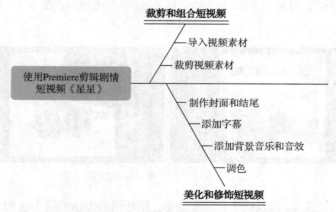

图 5-71　使用 Premiere 剪辑剧情短视频《星星》的思路

　　**实训结果：**本次实训完成后的参考效果如图 5-72 所示（配套资源：\效果文件\项目五\综合实训\实训一\星星.mp4）。

图 5-72 实训参考效果

## 实训二 使用剪映剪辑产品短视频《电吹风机》

**实训目的：**巩固使用剪映剪辑短视频的相关操作。

**实训要求：**先将拍摄好的视频素材（配套资源：\素材文件\项目五\综合实训\实训二\吹风机_01～吹风机_07.mp4）导入手机中，然后导入剪映剪辑。要求将视频画面设置为竖屏并关闭视频原声，应用"气泡水"滤镜，导入音频素材（配套资源：\素材文件\项目五\综合实训\实训二\吹风机_解说.mp3）并分割音频，使用自动识别字幕功能。具体操作可以参考"操作指南.docx"（配套资源：\素材文件\项目五\综合实训\实训二\操作指南.docx）。

**实训思路：**本次实训涉及导入视频素材、调色、添加解说音频、添加字幕、制作封面和结尾等操作，具体操作思路可参考图 5-73。

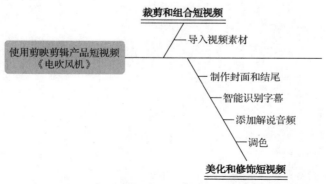

图 5-73 使用剪映剪辑产品短视频《电吹风机》的思路

**实训结果：**本次实训完成后的参考效果如图 5-74 所示（配套资源：\效果文件\项目五\综合实训\实训二\电吹风机.mp4）。

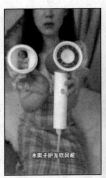  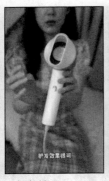 

图 5-74　实训参考效果

# 巩固提高

1. 你还知道哪些短视频剪辑软件，请举例并说明。

2. 在抖音中观看 10 条短视频，看看使用了哪些剪辑手法。

3. 打开抖音自带的剪辑软件，看看有哪些调色方式。

4. 试着从网上下载一个可以作为旅行短视频背景音乐的音频文件。

5. 在 Premiere 中，将一条产品短视频的画面色彩调整为"甜美糖果"风格。

6. 在剪映中剪辑一条名为"美丽校园"的卡点短视频，卡点主要是指短视频的画面与背景音乐的节奏相匹配，并根据该节奏进行变换，变换主要通过视频画面和转场的设置来实现。

7. 使用 Premiere 剪辑一条产品短视频，产品可以选择文具、数码产品，短视频中要有背景音乐、字幕和真人解说。

8. 使用剪映剪辑一条以同学间的友情为主题的剧情短视频，要求先组建短视频团队，然后撰写分镜头脚本，利用手机拍摄，最后使用剪映剪辑，短视频中要有表情包和求关注的结尾。

# 项目六

# 短视频运营

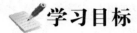

## 学习目标

**【知识目标】**

1. 明确短视频账号的用户定位、内容定位及人设标签设定，掌握注册并设置短视频账号的方法。

2. 掌握发布短视频的操作，熟悉短视频推广的渠道和常用技巧。

**【技能目标】**

1. 具备创建和运营短视频账号的能力。

2. 具备发布和推广短视频的能力。

**【素养目标】**

树立正确的营销意识和行业竞争观念，用富有创意的短视频来体现用户诉求，并以高度的责任感与使命感推广宣传中国品牌、传承中华文化。

## 项目导读

短视频运营通常需要先搭建一个与短视频内容匹配的短视频账号，然后通过短视频账号发布剪辑好的短视频，最后通过各种营销推广方式来吸引用户关注短视频。小赵剪辑的猫粮推广短视频获得了宠物用品品牌方的好评，对方欣然将电商运营工作交给了荣邦公司。老李趁热打铁，让小赵负责该品牌的短视频运营工作。按照品牌方的要求，小赵需要在抖音创建一个宠物相关的短视频账号，并通过在短视频账号中发布与宠物相关的短视频来宣传和推广该品牌的猫粮。在得到品牌方和老李的认可后，小赵充满了干劲，马上开展下一步的工作。

## 任务一　搭建短视频账号

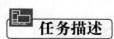

### 任务描述

小赵需要首先根据品牌方的要求定位短视频账号的用户和内容，然后注册相应的抖音短视频账号并设置账号主页。小赵填写了任务单（见表6-1）后，便开始了抖音短视频账号的搭建工作。

表 6-1                                       任务单

| 任务名称 | 搭建抖音短视频账号 | |
|---|---|---|
| 任务背景 | 短视频运营需要有一个与拍摄的推广短视频内容相符的短视频账号，这里的短视频内容主要与宠物相关，所以，小赵需要搭建一个与宠物相关的短视频账号 | |
| 任务类别 | ☐理论学习　☐内容策划　☐视频拍摄　☐技巧应用　☐视频剪辑　■运营推广 | |
| **工作任务** | | |
| **任务内容** | | **任务说明** |
| 任务演练1：注册抖音短视频账号 | | 在抖音中注册账号并进行实名认证 |
| 任务演练2：设置抖音短视频账号主页 | | 【设置项目】账号头像、账号简介、背景图<br>【账号内容】与可爱的猫相关的图片、文字等 |

任务总结：

## 一、账号定位

短视频运营需要先明确目标用户，然后根据自身条件划分内容的领域，并以此为基础来定位短视频账号。

### （一）用户定位

短视频运营的目标通常是获得用户的喜爱和关注，因此，用户是短视频的运营基础。另外，不同内容的短视频针对的目标用户也不同，所以，首先需要明确的是账号所面对的用户类型。用户定位通常分4个步骤进行。

（1）确定用户的基本需求。基本需求是指用户观看短视频的目的，包括获取知识技能、休闲娱乐、寻求消费指导，以及获得自我归属感等。其中，获取知识技能的需求通常适用于短视频账号发展的中后期，休闲娱乐的需求通常适用于短视频账号发展的所有时期，寻求消费指导的需求通常适用于短视频账号发展的中后期，获得自我归属感的需求通常适用于短视频账号发展的前中期。

（2）获取用户信息数据。用户信息数据是指用户在网络中观看和传播短视频的各种信息数据，包括图 6-1 所示的一些与用户相关的个人信息数据。用户信息数据是组成用户画像基本框架的元素，能够展现出用户对短视频内容的需求差异。用户信息数据可以通过专业的数据统计网站获取，常用的数据统计网站包括巨量星图、

图 6-1　一些与用户相关的个人信息数据

卡思数据和抖查查等。

（3）确定使用场景。使用场景是指用户观看短视频的时间和地点等信息。进行用户定位时，通常需要将这些信息融入特定的场景中，从而更好地归纳用户特征。例如，喜欢观看美食探店短视频的用户，一般会在饭前观看此类短视频，目的是找到符合自己口味的美食店铺。确定用户的使用场景可以归纳出 6 个要素，如表 6-2 所示。

表 6-2　　　　　　　　　　　　　确定用户的使用场景

| 要素 | 含义 | 要素 | 含义 |
| --- | --- | --- | --- |
| Who | 谁在观看短视频 | What | 观看的短视频内容有哪些 |
| When | 什么时间观看短视频 | Why | 用户观看短视频的目的或动机 |
| Where | 用户分布区域，观看短视频的地点 | How | 综合考虑，确定用户的具体使用场景 |

（4）形成用户画像。用户画像通常是根据用户的属性、生活习惯、偏好和行为等信息抽象描述出来的标签化用户模型。例如，收集宠物短视频相关的用户信息数据融入使用场景中，再把相关数据按照一定类别分类，以此整理出宠物短视频账号的用户画像，如表 6-3 所示。

表 6-3　　　　　　　　　　　　　宠物短视频账号的用户画像

| 属性 | 特点 | 属性 | 特点 |
| --- | --- | --- | --- |
| 性别 | 女性为主，占比约 80%，男性用户占比较低 | 活跃时间 | 工作日为 12:00—14:00、16:00—23:00，节假日为 10:00—24:00 |
| 年龄 | 18 岁以下用户占比约 50%，18～24 岁用户占比约 20%，25～35 岁用户占比约 10% | 感兴趣的话题 | 如何选择猫粮、狗粮，猫狗的装饰打扮，训练猫狗的正确方式，为什么猫狗这么可爱等 |
| 地域分布 | 南方省份占比约 60%，直辖市和各省会城市占比约 90% | 点赞及评论的条件 | 宠物可爱、听话、内容搞笑、有价值、实用性强，内容能引发共鸣等 |
| 关注账号的决定性因素 | 画面精美、宠物可爱，为自己提供了很多有价值的喂养知识，账号持续发布优质内容等 | 其他特征 | 喜欢美食、旅行和运动，性格开朗大方，喜欢购买大众喜欢的产品 |

## （二）内容定位

运营人员在为品牌运营短视频账号时，需针对具体产品、品牌、目标用户和运营目标制订具体的内容定位方案。同时，针对不断变化的市场环境和用户需求，需要随时调整和完善内容定位方案，创造更多符合品牌精神和用户需求的优质内容。

（1）确定品牌价值。首先需要了解品牌的核心价值和品牌定位，确定所代表的行业、目标人群、口号、文化等，以此为核心开展短视频创作。

（2）定义目标受众。在制定内容方向之前，需要详细分析品牌所面对的目标受众，包括年龄、性别、地域、兴趣爱好、消费心理等，这有助于确定创意和内容方向。

（3）分析市场竞争。针对品牌所在行业，分析市场竞争情况，了解竞争对手的优劣势，根据竞争对手情况汲取经验，同时避免同质化创作。

（4）确定内容形式。结合短视频平台的特点，确定具体的内容形式，例如剪辑类、拍摄类、配音类、演讲类等。根据受众喜好和品牌需求，在内容形式上做出相关调整。

（5）制订定期计划。依据企业运营策略，将短视频营销活动计划集成到品牌运营策略中，制订定期创作和发布计划，提高受众对品牌的关注度。

## 二、账号装修

账号装修也是为了体现短视频账号的定位，通过对账号主页中短视频账号的名称、头像、简介和背景图的设置等，突出账号的用户和内容定位。

### （一）设置账号名称

名称是一种具有独占性、特指性的符号，账号名称应该具有简短、简单、易记、易传播等特点。为短视频账号设置名称需要注意以下6个要点。

（1）尽量使用品牌或产品名称，或者内容创作者的名字。

（2）字数不要太多。

（3）让短视频账号名称具备一定的亲和力。

（4）可以体现账号内容所属垂直领域。

（5）与其他短视频平台的账号名称保持一致。

（6）避免使用生僻字。

### （二）设置账号头像

一张有吸引力的头像可以加深短视频账号在用户心中的印象。由于短视频账号主页中的头像尺寸通常比较小，且头像画框以圆形为主，因此，短视频账号的头像应该足够清晰，且能够突出重点内容。为短视频账号设置头像需要注意以下4个要点。

（1）使用品牌Logo作为头像，或者使用内容创作者的照片作为头像。

（2）头像简洁为主。

（3）头像与账号的内容定位相符。

（4）头像与视频内容的风格相吻合。

### （三）撰写账号简介

大多数短视频账号名称的下面有一段账号简介，其作用是补充说明账号的基本情况。短视频账号的简介有3种常见形式。

（1）自我介绍。通过简单的语句做自我介绍，还可以添加内容领域、主体身份、引导关注和个性风格等内容。

（2）展示态度、观点或感悟。通过简单的语句表明短视频账号的态度、观点或感悟，展示个性。例如，某剧情类短视频账号的简介为"也许，也是我们的故事"，某旅行类短视频账号的简介为"一直在路上"，某美食类短视频账号的简介为"食物是心情愉悦的起点"等。

（3）商务联系。展示自己的联系方式和商务合作的联系方式，通常为微信号、微博号，或者电话号码等。

### （四）设置主页背景图

背景图也称为封面，设置主页背景图对积累用户、提高转化率有重要的促进作用。短视频账号的主页背景图有 3 种主要形式。

（1）强化内容。这种形式适用于以特色主体为主角的短视频账号。例如，@成都大熊猫繁育研究基地账号主页的背景图就选择了基地大门的照片，有助于提升其在用户心中的认知程度，强化官方账号的机构特质，如图 6-2 所示。

（2）补充内容。背景图作为账号主页重要的元素之一，是用户一进入账号主页就能看到的。所以，在背景图中补充介绍具体内容，可以深化用户对短视频账号的认知印象，并加深对账号定位、内容重点的了解，如图 6-3 所示。

（3）心理引导。这种形式多利用"点这里""关注我"等文字，向用户进行心理暗示，吸引感兴趣的用户关注短视频账号，如图 6-4 所示。

图 6-2　强化内容的背景图

图 6-3　补充内容的背景图

图 6-4　心理引导的背景图

背景图通常都有固定的尺寸，抖音中的背景图大小通常为 1 125 像素 × 633 像素。背景图通常可以划分成 6 个区域，如图 6-5 所示。上方 1 125 像素 × 395 像素的区域为账号主页中的可见区域。中间的 633 像素 × 395 像素区域为核心区域，该区域通常放置背景图的重要内容。下方的 1 125 像素 × 238 像素的区域为账号主页中的压缩区域，通常为不可见状态，当用户下拉账号主页时，图中的放大可见区域可被清晰地看到。

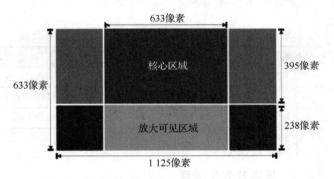
图 6-5　抖音短视频账号背景图的区域划分

## 三、人设标签

人设是指人物设定，可以理解为用户对短视频中主角或内容创作者的印象。人设标签使主角或内容创作者更具标识性，便于确定短视频内容的风格，持续垂直化输出短视频内容。短视频账号的人设标签可以参考以下 4 种元素进行设定。

（1）外表特征。外表特征包含着装、配饰和发型等方面，例如，着装方面有潮流、职业、运动、华丽、古风、居家等风格。具有特色的外表在一定程度上能够加深用户的印象，使短视频账号的特色更鲜明。

（2）性格特征。人设标签所涉及的性格特征并不单纯指内向、外向，更多的是指在多个方面体现出差异性的性格特征，如迟钝、高冷、搞笑、思维敏捷、乐于助人、正直、诚实和勤劳节俭等。性格的塑造有助于吸引更多用户的关注，提高账号互动率。

（3）固定元素。固定元素指短视频内容中都会出现的记忆点，也属于账号特有的标签，台词、贴纸、字幕字体、声音、拍摄视角等都可以作为固定元素。例如，某美食短视频账号的固定元素就是每条短视频的开场台词"中国的心、中国的胃，地道中国味！"

（4）人物关系。单个主角可能存在内容单一、缺乏感染力的问题，这就可以利用夫妻、闺蜜、情侣或兄弟等多人关系来增加人物，并以多人关系构建短视频账号人设，既丰富了短视频内容，又增加了内容的戏剧冲突，更容易引起用户的观看兴趣。

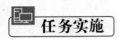 **任务实施**

### 任务演练 1：注册抖音短视频账号

**【任务目标】**

在手机中搜索并安装抖音，然后注册一个名为"艾笨笨一家"的账号，并通过实名认证，为设置账号做准备。

**【任务要求】**

本次任务的具体要求如表 6-4 所示。

表 6-4　　　　　　　　　　　　任务要求

| 任务编号 | 任务名称 | 任务指导 |
|---|---|---|
| （1） | 搜索并安装抖音 | 在应用商店搜索并安装抖音 |
| （2） | 注册账号 | 通过手机号码登录并完善账号资料 |
| （3） | 实名认证 | 通过面部拍照识别完成真人的实名认证 |

**【操作过程】**

**1. 搜索并安装抖音**

首先在手机的应用商店中搜索并安装抖音，具体操作如下。

（1）搜索抖音。进入手机应用商店，在打开的界面中点击搜索框，输入"抖音"，点击"搜索"按钮。

（2）安装抖音。在显示的搜索结果中选择抖音所在的选项，在打开的界面中点击 安装 按钮，手机开始自动下载并安装抖音。安装完成后，抖音的图标将显示在手机中。

**2. 注册账号**

在抖音中注册名为"艾笨笨一家"的短视频账号，具体操作如下。

（1）阅读协议。打开抖音并进入抖音主界面，自动打开"个人信息保护指引"提示框，阅读《用户服务协议》和《隐私协议》，完成后点击"好的"按钮。打开"'抖音短视频'想给您发送通知"提示框，自行选择是否发送。

微课视频

搜索并安装抖音

微课视频

注册账号

（2）手机号登录。返回抖音主界面，点击右下角的"我"选项，进入注册界面，点击其中的文本框，输入自己的手机号码，然后点击 验证并登录 按钮，待收到验证码短信后，在打开的"输入验证码"界面中点击文本框，输入收到的验证码，然后点击选中下面的"我已阅读并同意用户协议和隐私政策…"单选项，点击 登录 按钮。

（3）输入账号名称。打开"完善资料"界面，在"昵称"文本框中输入"艾笨笨一家"，如图6-6所示，然后点击 进入抖音 按钮。

图 6-6　输入账号名称

### 3. 实名认证

实名认证是通过手机拍摄的方式进行真人认证，具体操作如下。

（1）进入"账号与安全"界面。在抖音主界面中，点击右下角的"我"选项，进入账号主页，点击右上角的"菜单"按钮■，在打开的下拉列表中点击"设置"选项，在打开的"设置"界面的"账号"栏中点击"账号与安全"选项。

（2）输入姓名和身份证号。选择"实名认证"选项，打开"实名认证"界面，分别点击"真实姓名"和"身份证号"文本框，然后输入宠物用品品牌负责人的姓名和身份证号，点击"同意协议并认证"按钮。

（3）真人认证。打开面部拍照识别的界面，让面部显示在识别框中，按提示操作，完成真人识别。最后，在打开的界面中将提示认证成功，如图 6-7 所示。

图 6-7　实名认证

**任务实施**

### 任务演练 2：设置抖音短视频账号主页

【任务目标】

在抖音的"艾笨笨一家"账号主页中设置头像、账号简介和背景图，让用户一进入账号主页就能看出这是一个宠物账号。

【任务要求】

本次任务的具体要求如表 6-5 所示。

表 6-5　　　　　　　　　　　　　　　任务要求

| 任务编号 | 任务名称 | 任务指导 |
| --- | --- | --- |
| （1） | 为账号添加头像 | 使用一张可爱的小猫图片作为账号头像 |
| （2） | 撰写账号简介 | 撰写账号简介，简介中包括自我介绍和商务联系方式 |
| （3） | 设置背景图 | ① 在手机中使用美图秀秀制作背景图<br>② 在抖音的账号主页添加背景图 |

【操作过程】

### 1. 为账号添加头像

从相册中选择可爱的小猫图片作为账号头像，具体操作如下。

（1）选择操作。打开抖音，点击右下角的"我"选项，进入"艾笨笨一家"的账号主页，点击"编辑资料"按钮，进入"编辑个人资料"界面，点击头像图片，在打开的列表中选择"相册选择"选项，如图 6-8 所示。

微课视频

为账号添加头像

（2）添加图片。进入手机相册，点击"头像.jpg"图片（配套资源：\素材文件\项目六\任务一\任务演练 2\头像.jpg），在打开的界面中调整图片的大小和显示的重点，调整完成后点击　　按钮，完成更换账号头像的操作，如图 6-9 所示。

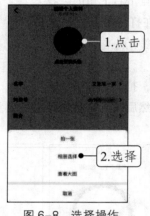

图 6-8　选择操作

图 6-9　调整图片

### 2. 撰写账号简介

提前准备好简介内容，然后在"修改简介"界面输入账号简介，具体操作如下。

（1）进入"修改简介"界面。返回"编辑个人资料"界面，点击"简介"选项，如图 6-10 所示。

微课视频

撰写账号简介

（2）编辑账号简介。在"修改简介"界面的"个人简介"文本框中输入以自我介绍和商务联系方式为主的内容，点击　完成　按钮，如图 6-11 所示，完成编辑简介的操作。

图 6-10　点击"简介"选项

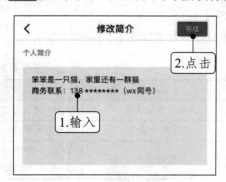

图 6-11　输入简介

### 3. 设置背景图

利用美图秀秀制作有文字的背景图，然后将背景图添加到账号主页中，具体操作如下。

（1）选择文字样式。打开美图秀秀，在主界面中点击 图片美化 按钮，在打开的界面中点击图片"背景.jpg"（配套资源：\素材文件\项目六\任务一\任务演练2\背景.jpg）。打开图片美化的操作界面，在下方的菜单栏中点击"文字"按钮 Ⓣ，打开文字格式设置界面，在"素材"选项卡中点击"气泡"选项卡，在其中选择第2行第2个样式，如图6-12所示。

图6-12　选择文字样式

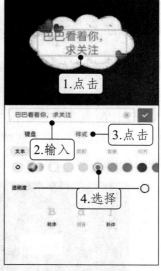
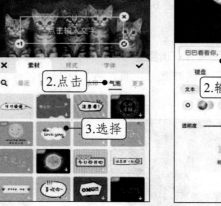

图6-13　输入文字并设置颜色

（2）输入文字并设置颜色。图片上的文本框变成选择的样式，点击该文本框，在打开界面的文本框中输入要添加的文字，这里输入"巴巴看着你，求关注"，点击"样式"选项卡，在下面的文本颜色栏中选择一种颜色，如图6-13所示。

（3）选择字体样式。点击"字体"选项卡，选择第1行第4个字体样式，点击"确定"按钮 ✓，如图6-14所示。

（4）调整文本框的大小和位置。在图片上通过拖动的方式缩小文本框，并将文本框移动到背景图的中部偏下位置，然后在文字格式设置界面中点击"确定"按钮 ✓，如图6-15所示。

（5）保存图片。返回到图片美化的操作界面，点击右上角的 保存 按钮，如图6-16所示，将制作好的背景图保存到手机相册中。

（6）选择背景图图片。打开抖音，点击右下角的"我"选项，进入"艾笨笨一家"的账号主页，点击背景图区域，在打开的列表中选择"相册选择"选项，在打开的界面中点击图片"背景图.jpg"（配套资源：\素材文件\项目六\任务一\任务演练2\背景图.jpg）。

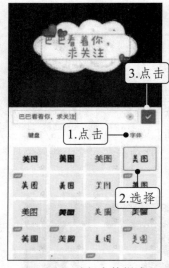

图6-14 选择字体样式

图6-15 调整文本框的大小和位置

图6-16 保存图片

（7）裁剪图片。进入"裁剪"界面，拖动图片调整图片显示区域，将文字完整地显示出来，并预览背景图的效果，完成后点击■■按钮，如图6-17所示。

（8）查看效果。返回短视频账号主页，查看账号的名称、头像、简介和背景图的完整显示效果，如图6-18所示。

图6-17 裁剪图片

图6-18 账号主页效果

 提示

背景图中的重点内容一定要清晰、完整地显示出来。一般来说，制作好背景图后，可以将其添加到账号主页中，并查看效果，如果重点内容被遮挡，就需要重新制作或调整。

# 任务二 发布短视频

## 任务描述

短视频只有发布后才能被用户观看和传播，小赵接下来的工作是将剪辑好的短视频通过创建的抖音账号发布出去。根据老李的指导，小赵明确了本次的任务（见表6-6）。

表6-6 任务单

| 任务名称 | 发布短视频 | |
|---|---|---|
| 任务背景 | 为了让更多人知道该品牌的短视频账号，需要通过短视频账号发布短视频 | |
| 任务类别 | □理论学习　□内容策划　□视频拍摄　□技巧应用　□视频剪辑　■运营推广 | |
| **工作任务** | | |
| 任务内容 | 任务说明 | |
| 任务演练：在抖音中发布短视频 | 【基本设置】作品描述、发布时间、话题标签<br>【其他设置】地理位置、@朋友 | |

任务总结：

## 知识准备

## 一、作品描述

作品描述以文案的形式出现在短视频画面的左下角，用于向用户传达内容创作者的思想和意图，带动用户的情绪，并吸引用户的关注。作品描述常有以下5种类型。

（1）叙述。叙述是指将短视频的内容和主题用平铺直叙的方式表述出来，大多数短视频采用这种类型，如图6-19所示。

（2）互动。互动是以疑问或反问的形式来与用户互动。这种作品描述往往能够激起用户强烈的好奇心。例如，"你真的想看×××？""刚需购房该如何选择？""还不来美丽的川西吗？"等。

（3）悬念。悬念是用结果的未知或者直接以悬念故事开头等来撰写作品描述，从而吸引用户看完整条短视频。例如"一定要看到最后"等。

（4）段子。段子本是相声中的一个艺术术语，是指相声作品中一节或一段艺术内容。现在的段子指带有某种特殊意味或内涵的一段话等。有的段子幽默有趣，有的段子针砭时弊，将段子作为作品描述，不仅能让用户放松心情，还能直击人心、引发思考，如图6-20所示。

（5）正能量。正能量是指作品描述体现励志、真善美等，很多用户更愿意观看和分享这种类型的短视频，例如，端正心态，正面看待人生遗憾的作品描述，如图6-21所示。

图 6-19　叙述类型的作品描述　　　图 6-20　段子类型的作品描述　　　图 6-21　正能量类型的作品描述

## 二、发布时间

发布时间是影响短视频发布效果的一个重要因素，即使是同一条短视频，如果在不同的时间发布，其发布效果也可能会有很大的不同。内容创作者可以根据短视频账号的用户定位，在用户较为活跃的时间发布短视频。短视频的发布时间可以归纳为 4 个黄金时间段。

（1）6—9 点。这个时间段的用户通常处于起床、吃早饭、去上班或上学的状态，如果是关于美食、健身、新闻的短视频，可以在这个时间段发布。

（2）12—14 点。这个时间段的用户通常处于吃午饭或休息的状态，很多用户会选择浏览自己感兴趣的短视频。如果是关于剧情、搞笑等的短视频，可以在这个时间段发布。

（3）18—20 点。这个时间段的用户通常处于下班、放学、吃晚饭或休息的状态，大部分用户通过观看短视频来打发时间，在这个时间段发布短视频更容易被用户看到。

（4）21—23 点。这个时间段的用户通常处于准备睡觉的状态，是用户较为活跃的时间段，在这个时间段发布短视频也容易被用户注意到。

> 🕐 提示
>
> 内容创作者在发布短视频时还要考虑发布速度，因为发布速度通常会影响短视频的输出效果。例如，多个短视频账号同时发布一条宣传产品活动的短视频，如果其中一个账号的发布速度落后，用户看到该短视频时活动就已经结束了，这样会降低用户对账号的信任度，不利于短视频账号后期的发展。

## 三、话题标签

话题是指短视频平台中的热门内容主题，通常情况下，以"#"开头的文字就是话题标签，例如，"#美食制作""#搞笑""#挑战赛"等。被广大用户所关注的话题通常是短视频的重要流量来源，在发布短视频时加入话题标签容易获得更多用户的关注。短视频平台中的话题主要有普通话题和挑战两种类型。

（1）普通话题。普通话题涉及用户生活的各个方面，如生活、娱乐、工作和学习等。添加适当的话题标签有助于短视频平台识别内容类型并对其进行精准推荐，因此，内容创作者可以根据短视频内容选择适当的、热门的话题，提高短视频的曝光度。

（2）挑战。挑战是一种非常特别的话题，设置这种话题的主要目的是引发用户参与挑战，扩大短视频的传播范围，有效聚焦流量。在抖音中还有另外一种挑战话题标签，是以小卡片的形式出现在短视频画面中，如图 6-22 所示，点击小卡片即可进入挑战页面。

图 6-22　挑战话题标签

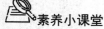素养小课堂

　　发布短视频时，无论是作品描述还是话题标签都应该融入爱国、敬业、诚信、友善等社会主义核心价值观，传播正能量。

## 四、其他设置

发布短视频时还可以通过添加地理位置或@好友等方式来提高短视频的关注度。

（1）添加地理位置。添加地理位置后，短视频的发布地点或者指定地址将展现在短视频账号名称的上方。添加地理位置后，观看该短视频的用户通常会产生一种身份认同感，甚至产生线下偶遇的期待。例如，美食短视频中添加了该美食的店铺地址，由于地址定位本身就是一种引导用户的商业推广方式，所以，在一定程度上可以为店铺引流。

（2）添加@好友。@是指通过@短视频账号名称的方式，提醒该用户关注某内容。发布短视频时，采用@朋友或@官方账号的方式可以增加短视频的播放量。通常@朋友的对象都是自己关注的某个短视频达人，因为有可能该达人在收到提示后会观看该短视频，甚至可能转发或回关，从而使该短视频被更多用户看到。

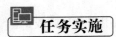
**任务实施**

### 任务演练：在抖音中发布短视频

【任务目标】

将剪辑好的猫粮推广短视频通过"艾笨笨一家"抖音账号发布出去。

【任务要求】

本次任务的具体要求如表 6-7 所示。

表 6-7　　　　　　　　　　　　　　　　　　　任务要求

| 任务编号 | 任务名称 | 任务指导 |
| --- | --- | --- |
| （1） | 添加话题标签 | ① 搜索热门的话题标签<br>② 导出短视频<br>③ 预览短视频<br>④ 添加话题标签 |
| （2） | 发布短视频 | ① 撰写作品描述<br>② 完成短视频发布 |

【操作过程】

**1. 添加话题标签**

首先在抖音中搜索热门的话题标签，然后选择一个添加到导出的短视频中，具体操作如下。

微课视频

添加话题标签

（1）搜索热门的话题标签。在抖音主界面中点击"搜索"按钮 🔍，进入搜索界面。在文本框中输入短视频的主题或内容的关键词，这里输入"猫粮"，点击"搜索"按钮 搜索 ，在打开的界面中将显示所有与猫粮相关的内容，点击"话题"选项卡，显示所有与猫粮相关的话题标签，并显示对应的短视频播放次数，如图 6-23 所示。

（2）导出短视频。启动剪映，在主界面中点击剪辑好的短视频《好吃嘴艾笨笨与猫粮》，在打开的界面中，点击 导出 按钮，如图 6-24 所示。开始导出短视频并显示进度。完成后打开提示界面，在"已保存到相册，分享到"栏中点击"抖音"选项，如图 6-25 所示。

（3）预览短视频。自动打开抖音，进入短视频的预览界面，并自动播放分享的短视频，点击 下一步 按钮，如图 6-26 所示。

图 6-23　搜索热门的话题标签

图 6-24　导出短视频

图 6-25　选择分享平台

（4）添加话题标签。进入"发布"界面，在"添加作品描述"栏的下方查看抖音推荐的话题标签，点击"#谁能拒绝傻憨憨的小猫咪"话题标签，将其添加到"添加作品描述"栏中，作为短视频的话题标签，在其右侧输入"#猫粮推荐"，如图 6-27 所示。

图 6-26　预览短视频

图 6-27　添加话题标签

### 2. 发布短视频

为短视频撰写作品描述然后发布到抖音账号中，具体操作如下。

（1）撰写作品描述。在"添加作品描述"栏添加的话题标签前面输入"好吃又不听'老婆'的话，结果……"，如图 6-28 所示。

（2）完成短视频发布。在该界面中还可以添加地理位置，设置作品同步等，这里直接点击下方的　发布　按钮，将短视频发布到抖音中，发布完成后可以播放该短视频查看发布效果，如图 6-29 所示。

微课视频

发布短视频

### 技能练习

在抖音中创建一个与旅行相关的短视频账号，要求头像、名称、背景图、简介体现旅行达人的人设，并发布一条自己剪辑的短视频。

图 6-28　撰写作品描述

图 6-29　发布短视频

# 任务三　推广短视频

## 任务描述

短视频账号正处于创建初期，获得的关注度不高，因此，老李要求小赵通过各种渠道推广短视频，以获得用户的关注。小赵根据老李的指导明确了本次的任务（见表6-8），开始短视频的推广工作。

表 6-8　　　　　　　　　　　　　　　　任务单

| 任务名称 | 推广短视频 | |
|---|---|---|
| 任务背景 | 因为发布的短视频没有获得较多用户的关注，所以小赵需要采取一定的方法来推广短视频，他打算使用抖音的付费功能推广，并将短视频分享到微博，利用微博宣传推广短视频 | |
| 任务类别 | □理论学习　□内容策划　□视频拍摄　□技巧应用　□视频剪辑　■运营推广 | |
| **工作任务** | | |
| **任务内容** | **任务说明** | |
| 任务演练1：在抖音中推广短视频 | 【推广渠道】抖音的付费渠道<br>【推广工具】"DOU+" | |
| 任务演练2：将短视频分享到微博 | 【推广渠道】免费渠道<br>【推广平台】微博 | |

任务总结：

# 一、推广渠道

推广是短视频获取用户关注所必不可少的环节,在短视频发布后及时推广才能有效聚集热度,获取更多流量。短视频通常有 3 种主要的推广渠道,不同的推广渠道其推广方式不同。

## （一）短视频平台

目前的短视频平台有很多,如抖音、快手、哔哩哔哩、微信视频号、小红书等,这些平台都拥有较大流量。每个短视频平台都有自己的推广渠道,以抖音为例,其推广渠道主要分为收费推广渠道和免费推广渠道两种类型。

（1）收费推广渠道。抖音官方推出的"DOU+"就是一项帮助内容创作者获取更多流量和曝光的付费推广服务。根据抖音官方的定义,"DOU+"是一款短视频加热工具,购买并使用后可将短视频推荐给更多感兴趣的用户,并提高短视频的播放量与互动量。为短视频投放"DOU+"后,用户可以在"推荐"界面看到短视频。短视频只有通过了抖音的审核才能够获得"DOU+"推广服务资格。

（2）免费推广渠道。免费推广渠道较常见的就是参加各种挑战,让短视频账号获得更多的曝光,从而推广短视频账号中的各种短视频。"抖音小助手"账号通常会定期推送抖音中热门的挑战赛,这些热门挑战赛的关注用户数量通常达到几千万人甚至几亿人。因此,关注"抖音小助手"账号,选择热门程度较高的挑战赛,参与挑战赛并录制和发布短视频,就有可能获得较高的点击率,从而曝光短视频账号,为推广短视频奠定流量基础。

## （二）社交媒体平台

社交媒体平台以微博、微信等为代表,这种渠道的特点是传播性强、使用频率高,用户的信任度也较高,因此是较好的短视频推广渠道。其推广方式主要是将发布到短视频平台中的短视频分享和转发到社交媒体平台中。以微信为例,可以将短视频发布到微信公众号、微信群和朋友圈。

（1）微信公众号推广。微信公众号主要包括订阅号、服务号、企业号和小程序 4 种类型,个人创作的短视频可以考虑申请服务号来推广,而一些短视频团队或企业创作的短视频则可以开通订阅号或企业号来推广短视频。

（2）微信群推广。微信群推广短视频是一种非常有效的短视频推广方式。内容创作者可以通过建立微信群与用户交流和互动,来增强用户黏性,使用户产生聚心力,从而提高用户的留存率。短视频新手则可以在微信群里定期发布和分享短视频,增强自己的存在感和提高曝光率,慢慢引导微信群里的其他成员关注自己。

（3）朋友圈推广。内容创作者也可以在朋友圈中发布短视频,引导好友转发,达到推广的目的。

## （三）资讯平台

资讯平台包括新闻聚合平台、垂直新闻资讯平台等。前者以传播新闻资讯为主,会在各种资讯中通过短视频的形式来增加信息的真实性和现场感，代表平台包括今日头条、一点资讯等；后者则属于行业性较强的平台，这些平台以发布专业的短视频来获得用户的关注，典型代表有财经类的和讯财经、汽车类的汽车之家、体育类的虎扑体育等。内容创作者可以根据短视频内容选择与内容关联度大的垂直新闻资讯平台发布和推广短视频，例如，专门分享汽车使用和维护知识的短视频，就可以选择汽车之家作为推广渠道。

## 二、推广技巧

付费推广更容易让短视频获取流量和曝光。但对大多数短视频账号来说，采用一些简单的推广技巧也可以促进短视频的有效传播、增强营销推广效果。

（1）设置有吸引力的标题。标题具有唯一的代表性，且是用户快速了解短视频内容并产生记忆与联想的重要途径，即便是同一条短视频，也会因为标题的不同而产生截然不同的播放效果。想要短视频在海量的短视频中脱颖而出，获取更高的播放量，就要注重标题设计。撰写短视频标题最重要的原则是真实，即标题要符合短视频的内容主题，不能做"标题党"（用夸张的、引人注目的标题来吸引用户注意力，但标题严重失真），必须让短视频的标题与内容有关联，否则容易引起用户的反感。

（2）评论互动。短视频评论区也是一个非常好的免费推广渠道，很多新建的短视频账号由于用户有限，需要珍惜每一个在评论区留言的用户。内容创作者可以主动在短视频的评论区中发布引导性评论，让用户围绕该评论产生各种讨论行为，或者主动回复用户评论等，以这些方式来提升用户的参与积极性，增加这些用户的黏性，以提高短视频的热度。

（3）多渠道传播。内容创作者可以在多个平台建立账号，将同一条短视频发布到多个平台中，增加短视频的播放量。多渠道传播也要注意调研和分析不同平台的目标用户，根据不同平台用户的特征来微调短视频内容。

（4）与他人合作推广。内容创作者可以与有影响力的短视频账号、达人合作，充分利用双方的用户资源和流量，共同推广短视频内容。

**任务实施**

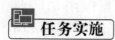 **任务演练1：在抖音中推广短视频**

【任务目标】
在抖音中通过"DOU+"付费推广短视频。

【任务要求】
本次任务的具体要求如表6-9所示。

表6-9            任务要求

| 任务编号 | 任务名称 | 任务指导 |
|---|---|---|
| （1） | 选择要推广的短视频 | 找到发布的猫粮推广短视频 |
| （2） | 设置推广 | ① 选择推广方式<br>② 根据不同的用户流量设置投放金额 |

**【操作过程】**

（1）选择要推广的短视频。在抖音主界面中点击"我"选项，在打开的账号主页中点击刚发布的猫粮推广短视频。

（2）设置推广。进入该短视频的播放界面，点击右下角的"其他"按钮 ⋯，打开"分享给朋友"界面，点击"上热门"按钮 DOU。打开"DOU+"的"速推版"界面，拖动滑块选择投放的金额（不同金额投放的用户数量不同），点击 支付 按钮，如图 6-30 所示。然后根据系统提示完成支付。

微课视频

在抖音中推广短视频

 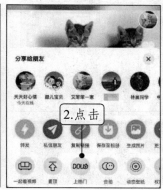 

图 6-30　设置推广

**任务实施**

**任务演练 2：将短视频分享到微博**

**【任务目标】**

将猫粮推广短视频分享到微博，在微博中推广短视频。

**【任务要求】**

本次任务的具体要求如表 6-10 所示。

表 6-10　　　　　　　　　　　　　　　任务要求

| 任务编号 | 任务名称 | 任务指导 |
| --- | --- | --- |
| （1） | 选择短视频 | 在微博中导入猫粮推广短视频 |
| （2） | 分享短视频 | ① 撰写短视频的标题、作品描述<br>② 设置短视频分类 |

**【操作过程】**

（1）选择短视频。打开微博，在主界面的右上角点击"添加"按钮 ⊕，在打开的列表中点击"视频"选项，打开"最近项目"界面，点击选中猫粮推广短视频，点击 下一步(1) 按钮，如图 6-31 所示。在打开的界面中，继续点击 下一步 按钮。

微课视频

将短视频分享到微博

（2）分享短视频。打开"发微博"界面，在上面的文本框中输入作品描述"我家笨笨的最爱"，在"类型"栏中点击选中"原创"单选项，在"标题"文本框中输入"猫粮推荐"，点击"分类"选项，在打开的界面中将短视频分类设置为"搞笑幽默·可爱萌宠"，点击按钮，如图6-32所示，将短视频分享到微博中。

图6-31 选择短视频

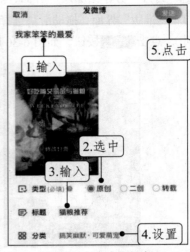

图6-32 发布短视频

## 综合实训

### 实训一 设置抖音美妆账号主页

**实训目的：**掌握设置短视频账号主页的方法，并巩固相关操作。

**实训要求：**模拟搭建一个美妆账号，将已有的账号的名称、头像、背景图和简介都更换为美妆相关的内容，凸显美妆账号的特色。账号名称可以直接指出内容的垂直领域和内容创作者的名字，头像更换为美妆相关的图片（配套资源：\素材文件\项目六\综合实训\实训一\头像.jpg），背景图使用美妆图片（配套资源：\素材文件\项目六\综合实训\实训一\背景.jpg），强化内容的同时进行心理引导，简介中应包括自我介绍和商务联系方式。

**实训思路：**本次实训涉及更换账号名称、更换账号头像、更换背景图和更换账号简介等操作，具体操作思路可参考图6-33。

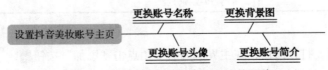

图6-33 设置抖音美妆账号主页的思路

**实训结果：**本次实训完成后的参考效果如图6-34所示。

图 6-34　实训参考效果

## 实训二　发布并推广大樱桃短视频

**实训目的:** 通过发布并推广大樱桃短视频,进一步巩固发布短视频和推广短视频的相关操作。

**实训要求:** 将制作好的大樱桃短视频(配套资源:\素材文件\项目六\综合实训\实训二\产品介绍.mp4)导入手机相册,然后在微信视频号中发表该短视频,并为其添加作品描述和话题标签。发布短视频后,直接在微信视频号中将其转发到微信朋友圈推广。

**实训思路:** 本次实训涉及导入短视频、发布短视频、推广短视频等操作,具体操作思路可参考图 6-35。

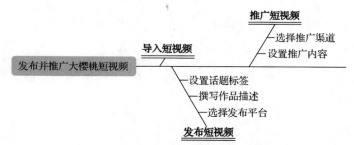

图 6-35　发布并推广大樱桃短视频的思路

**实训结果:** 本次实训完成后的参考效果如图 6-36 所示。

图 6-36　实训参考效果

## 巩固提高

1. 如何确定短视频账号的用户定位？

2. 在抖音中新建一个短视频账号需要设置哪些项目？

3. 为某个短视频账号设置人设标签可以参考哪些元素？

4. 短视频发布的黄金时间段有哪些？

5. 短视频常见的推广渠道有哪些？

6. 如果要推广一条自己学校的宣传短视频，应该优先选择哪些渠道，并运用哪些技巧？

7. 小刘是一名返乡创业的青年，需要通过网络销售自家生产的瓜果蔬菜等农产品，试着帮助小刘在快手创建一个农产品营销账号，并设置账号名称、头像、背景图和简介。

8. 将一条自己创作好的短视频发布到抖音、快手、微信视频号和今日头条中，看看其发布的流程和相关的设置有什么不同。